한 권으로 끝나는
도형심리학

한 권으로 끝나는

도형 심리학

저자 한진주

한 권으로 끝나는 도형심리학

초판 1쇄 발행　2019년 7월 12일
초판 2쇄 발행　2020년 2월 20일
초판 3쇄 발행　2025년 5월 21일

지 은 이　한진주
펴 낸 이　문정영
펴 낸 곳　시산맥사

등록번호　제300-2013-12호
등록일자　2009년 4월 15일
주　　소　03131 서울특별시 종로구 율곡로 6길 36.
　　　　　월드오피스텔 1102호
전　　화　02-764-8722, 010-8894-8722
전자우편　poemmtss@naver.com
시산맥카페　http://cafe.daum.net/poemmtss

ISBN 979-11-6243-068-2 (03810)

값 18,000원

* 이 책은 전부 또는 일부 내용을 재사용하려면 반드시 저작권자와 시산맥사의 동의를 받아야 합니다.
* 이 도서의 국립중앙도서관 출판시도서목록(CIP)은 서지정보유통지원시스템 홈페이지(http://seoji.nl.go.kr)와 국가자료공동목록시스템(http://www.nl.go.kr/kolisnet)에서 이용하실 수 있습니다. (CIP제어번호 : CIP2019026349)

저자서문 Prologue _ 013

추천사 _ 017

제1부 도형심리상담의 이해

Chapter 1. 도형심리상담이란 무엇인가?

1. 도형심리상담의 이론적 배경 _ 021
2. 도형상담의 정의 _ 022
3. 도형심리유형검사 명칭 _ 024
4. 도형상담 검사지 양식 _ 025
5. 도형 모사법 _ 026
6. 도형상담 시 주의할 점 _ 027

Chapter 2. 성격과 기질 이야기

1. 성격이란 무엇인가? _ 028
2. 성격이 건강을 좌우한다 _ 029
3. 성격과 기질은 무엇이며, 어떻게 다른가? _ 030
4. 성격을 의미하는 용어들 성격, 인격, 기질 _ 033
5. 나의 성격은 어디에? _ 038
6. 조 & 해리의 창 _ 039
7. 소와 사자의 사랑이야기 _ 040
8. 칼 라이너의 도형의 정의 _ 046
9. 도형과 호르몬의 관계 - 끌림의 법칙 _ 049

제2부 도형심리유형의 기질별 특성

Chapter 1. 도형으로 알아보는 성격 유형 총론

1. 각도형별 특징
A. 동그라미 다혈질 (Sanguine) _ 055
B. 세모 담즙질 (Choleric) _ 056
C. 네모 점액질 (Phlegmatic) _ 057
D. 에스 우울질 (Melancholic) _ 057

2. 각 도형 기질의 장·단점
A. 담즙질 세모기질의 장·단점 _ 058
B. 다혈질 동그라미 기질의 장·단점 _ 062
C. 점액질 네모기질의 장·단점 _ 065
D. 우울질 S 에스기질의 장·단점 _ 068

Chapter 2. 도형으로 알아보는 성격 유형

1. 도형별 성격 특성
A. 동그라미 다혈질(Sanguine)
   1) 다혈질 대표적 인물 _ 073
   2) 다혈질 성격과 장점 _ 073
   3) 다혈질 성격의 단점 _ 074
   4) 다혈질 성격의 보완점 General Advice _ 075
   5) 동그라미, 다혈질 칭찬법 _ 075
   6) 다혈질의 스트레스에 대한 반응 _ 076
   7) 다혈질의 스트레스 해소법 _ 076
   8) 다혈질의 특징 정리-대중적 다혈질 사교형 _ 077

B. 세모 담즙질(Choleric)
  1) 담즙질 대표적 인물 _ 078
  2) 담즙질 성격과 장점 _ 078
  3) 담즙질 성격의 단점 _ 080
  4) 담즙질 성격의 보완점 General Advice _ 080
  5) 세모, 다혈질 칭찬법 _ 081
  6) 담즙질의 스트레스에 대한 반응 _ 081
  7) 담즙질의 스트레스 해소법 _ 082
  8) 담즙질의 특징 정리-평온한 점액질 안정형 _ 082

C. 네모 점액질(Phlegmatic)
  1) 점액질 대표적 인물 _ 083
  2) 점액질 성격과 장점 _ 084
  3) 점액질 성격의 단점 _ 085
  4) 점액질 성격의 보완점 General Advice _ 085
  5) 네모, 점액질 칭찬법 _ 086
  6) 점액질의 스트레스에 대한 반응 _ 087
  7) 점액질의 스트레스 해소법 _ 087
  8) 점액질의 특징 정리-평온한 점액질 안정형 _ 087

D. 에스(S) 우울질(Melancholic)
  1) 우울질 대표적 인물 _ 088
  2) 우울질 성격과 장점 _ 089
  3) 우울질 성격의 단점 _ 090
  4) 우울질 성격의 보완점General Advice _ 091
  5) 에스 S, 우울질 칭찬법 _ 091
  6) 우울질의 스트레스에 대한 반응 _ 092
  7) 우울질의 스트레스 해소법 _ 092
  8) 우울질의 특징 정리-완벽주의 우울질 신중형 _ 092

제3부 도형심리검사 및 기질별 해석기법

Chapter 1. 도형심리검사

도형심리유형검사 _ 097   도형기질단어 테스트 _ 099

Chapter 2. 도형기질별 해석 공식

1. 도형심리 해석기법
  1) 도형심리의 개념 및 기질이해 _ 102
  2) 정신분석적 의식구조 _ 104
  3) 미술치료적 해석 _ 105
  4) 각 도형의 위치/자기개방 모형 _ 106
  5) 도형심리 분석기준 _ 107
  6) 도형의 의미 _ 108
  7) 도형해석의 단계 _ 113
  8) 도형의 16위치별 장단점 _ 114

2. 메인 도형 6가지 & 특이 도형 7가지
  1) 메인도형 6가지(미개발형, 중복형) _ 116
  2) 메인도형 6가지(몰입형, 조사형) _ 119
  3) 메인도형 6가지(천재형, 드문형) _ 124
  4) 특이도형 7가지(콤플렉스형, 역동형) _ 127
  5) 특이도형 7가지(탑형, 우울증형) _ 128
  6) 특이도형 7가지(라이프 쇼크형, 조인트 포인트형) _ 129
  7) 특이도형 7가지(강박증형) _ 130
  8) 각 기질의 결합 _ 133

3. 도형기질별 학습 전략 _ 141

4. 도형기질별 진로 및 적성 _ 147

5. 도형기질별 욕구 및 상담전략 _ 153

제4부 간추린 상담심리학 이론

Chapter 1. 상담의 기초

1. 상담의 개념
1) 상담의 학문적 배경 _ 163
2) 상담의 정의 _ 165
3) 상담의 특징 _ 166
4) 상담목표 _ 166
5) 상담의 기본원칙 _ 168

2. 상담의 종류와 과정
1) 상담의 종류 _ 170
2) 상담의 과정 _ 170

3. 상담자의 자질
1) 전문적 자질 _ 173
2) 인간적 자질 _ 174

4. 효과적 상담의 기본원리 6
1) 사회, 문화적 맥락에서 인간 행동을 이해하기 _ 175
2) 성공적 상담의 정의로서 내담자가 원하는 성숙 _ 175
3) 내담자 변화의 근간으로서 상담자와 내담자의 긍정적 관계 _ 176
4) 강렬한 경험으로서 상담 _ 176
5) 상담 과정에서 적극적 파트너로서 내담자 _ 176
6) 기본적인 전문적 책임감으로 윤리적 행위 _ 176

5. 효과적 상담사의 특징 _ 177

6. 상담 실제의 훈련
   1) 상담 사례 지도 받기 _ 178
   2) 내담자의 변화를 위한 조력활동 _ 178

7. 상담의 의미에 대한 입장들
   1) 협의의 입장 _ 187
   2) 광의의 입장 _ 187
   3) 소극적 입장 _ 188
   4) 적극적 입장 _ 188

8. 상담자의 역할 _ 188

9. 상담의 전제조건
   A. 상담이 운영되기 위한 전제 조건은 다음과 같다. _ 190
   B. 개인상담의 전제조건으로서 다음과 같은 사항이 있다. _ 191

10. 상담자의 윤리, 윤리요강의 기능 _ 191

11. 상담의 윤리문제와 관련된 상담자의 자질 _ 192

12. 10가지 심리상담 방법론 _ 194

13. 심리정신의학자들의 이론적 관점
   1) 프로이드의 관점 _ 197
   2) 아들러의 관점 _ 197
   3) 융의 관점 _ 197
   4) 스키너의 관점 _ 198
   5) 로저스의 관점 _ 198
   6) 펄스의 관점 _ 198
   7) 얄롬의 관점 _ 198
   8) 프랭클의 관점 _ 198
   9) 글래서의 관점 _ 199
   10) 엘리스의 관점 _ 199
   11) 에릭 번의 관점 _ 199
   12) 벡의 관점 _ 200

Chapter 2. 정신분석 상담이론

1. 정신분석이론의 개념과 특징 _ 201

2. 정신분석이론의 심리성적 발달 단계
    1) 이론의 중심 개념 _ 204   2) 발달 단계별 특성 _ 204

3. 에릭슨의 심리사회 발달단계
    1) 에릭슨 이론의 중심개념 _ 206   2) 발달 단계의 특성 _ 207

4. 안나 프로이드의 방어기제론
    1) 서론 _ 209   8) 방어적 와해 수준 _ 221
    2) 방어기제 이론의 주요 개념 _ 210   9) 행동수준 _ 221
    3) 방어기제 _ 212   10) 기타 방어기제 _ 222
    4) 방어기제의 수준과 개인별 방어기제 _ 213   11) 역전(reversal) _ 225
    5) 정신적 억제 수준 _ 216   12) 투입(introjection) _ 225
    6) 부인하는 수준 _ 219   13) 결론 _ 226
    7) 주요 이미지 왜곡 수준 _ 220   14) 자주 쓰는 자아방어기제와 실례 _ 227

Chapter 3. 인본주의 상담이론

1. A. Maslow의 인간 욕구 5단계 _ 229

2. 자아실현자의 특징
    1) 현실의 효율적 지각 _ 230   7) 절정경험 _ 232
    2) 자신, 타인, 자연의 수용 _ 230   8) 사회적 관심 _ 232
    3) 자발성, 단순성, 자연성 _ 230   9) 깊은 대인관계 _ 232
    4) 자신 외의 문제에 초점 _ 231   10) 민주적 성격구조 _ 232
    5) 초연함 및 사적 자유욕구 _ 231   11) 창의성 _ 232
    6) 인식의 신선함 _ 231   12) 문화화에 대한 저항 _ 233

3. 성숙한 인간의 4가지 특징

    1) 자기이해 _ 233

    2) 자기수용 _ 234

    3) 자기개방 _ 234

    4) 자기주장 _ 234

Chapter 4. 심층심리학의 기원과 사상체질이론

1. 심층심리학의 기원 _ 235

2. 사상체질 이론

    1) 총론 _ 238

    2) 사상체질별 특징 _ 241

        (1) 소양인 _ 241

        (2) 태양인 _ 244

        (3) 태음인 _ 247

        (4) 소음인 _ 249

참고문헌 _ 253

저자후기 _ 255

● ● 저자서문 Prologue

    필자는 지난 수십 년 동안 심리상담과 강의를 하면서 수천 명의 사람들에게 도형심리를 적용하고 분석하며 많은 임상 경험을 가질 수 있었다. 특히 중, 단기 상담 중 첫 만남에서 도형심리검사를 통하여 내담자와 대화의 물꼬를 트기도 하였고, 내담자로 하여금 자신의 내면을 알아가는 것이 즐겁고 신기하다는 인상을 이끌어 내기도 하였다. 이렇게 도형심리검사는 간편하고도 부담 없는 작업으로 그 효과는 매우 개인적이고 구체적이다. 이 도형심리검사는 상담 첫 시간에 유용한 도구가 되어 내담자가 마음의 문을 여는데 도움을 주기도 하고, 마지막 시간에도 재검사를 통하여 상담의 결과, 즉 내담자의 성장과 발전의 척도를 제시해 주기도 한다. 아울러 이 도형심리검사는 집단 상담이나 팀 교육 등에서도 매우 유용하게 사용할 수 있다. 집단 상담이나 팀 교육 프로그램 참여자들은 이 도형심리검사를 통하여 자신의 심리 상태를 알아가는 데 굉장한 흥미를 느끼게 된다. 또한 함께 참석한 동료, 상사, 부하 직원들의 속마음을 서로 알아가고 이해하는데 좋은 방법임을 알게 된다.

    심리검사를 크게 둘로 나누면 진단검사와 비 진단검사로 나눌 수 있다. 진단검사는 주로 정신질환을 판단하는 방법으로 정신과 의사나 임상심리 상담사들이 취급하고, 비 진단검사는 정신적으로 건강한 일반인들이 일상생활 속에서 자신의 성격유형이나 심리상태를 알아보기 위해 실시하는 검사이다. 비 진단 심리검사 도구로는 MBTI, 에니어그램, TA, DISC, SCT 등이 있고, 그 외에 여러 가지 투사적 그림검사 등이 있다. 그중에서도 이 도형심리검사는 쉽고 간편하다. 다른 심리검사에서는 찾아보기 힘든 타고난 기질까지도 알아 볼 수 있고, 어느 부분에서는 진단검사로도 사용될 수 있다. 진단, 비 진단검사 중 다른 검사 도구들은 주로 성격유형, 개인 선호도 비선호도 등을 알 수 있는 반면, 이 도형심리검사는 성격 이면에 숨어 있는 심층 구조인 기질까지도 알 수 있다. 인간의 기질에 대해 최초로 말한 사람은 의학의 아버지로 널리 알려진 그리스의 의학자 히포크라테스이다. 그는 인간의 기질을 네 가지로 분류하였는데 그것은 다혈질, 담즙질, 점액질, 우울질이다. 이 도형심리검사이론은 히포크라테스의 네 가지 체액설과 엠페도클래스의 4원소론, 칼융의 원형론, 칼라이너의 도형의 일반정의, 그리고 알타이어와 팀 라헤이의 성경인물 기질분석 론 등의 종합 이론이다.

도형심리상담은 복잡한 심리학적 기법으로 자신을 캐묻는 듯한 질문이나 긴 시간을 요하는 중, 장기 상담을 싫어하는 현대인들, 특히 상담을 기피하는 사람들에게까지 적절하고 유용한 상담기법이다. 그러나 이 도형심리이론이나 검사도구가 우리나라에서 상용화된 시기는 비교적 짧아서 관련된 서적이나 사례집, 연구 논문집 등이 부족한 상태이다. 그래서 본 저자는 강의용 교재를 찾다가 마땅치 않아 이 책을 쓰게 되었다. 여러분들은 이 『한권으로 끝나는 도형심리학』 책을 통하여 아주 간단하고 실용적인 도형심리라는 새로운 유형의 성격분석 이론과 심리검사기법을 경험할 수 있을 것이다. 또한 이 도형심리이론을 통하여 사람마다 무엇이 다르며, 얼마나 다르며, 또 어떻게 다른지에 대해서도 천천히 알아가게 될 것이다. 사람들은 저마다 성격과 기질이 다르다. 그래서 유형이 다른 사람들과 만나면 역동적인 다름을 경험하게 되고, 같은 유형의 사람들끼리 만나면 별말을 안 했는데도 불구하고 이심전심 통하고 편안함을 느끼게 된다. 이것이 바로 사람들의 기질과 성격이 다양하다는 증거이다. 이렇게 유익한 도형심리 이론을 배워서 알게 되면 평소에

  그 사람이 왜 그런 돌출 행동을 해서 모두가 놀랐는지,
  내 자녀가 왜 그리도 말이 많거나 없었는지,
  내 남편이 또는 아내가 왜 그리도 다른 사람들의 반응에 민감하고 눈치를 보는지,
  내 아버지와 어머니는 왜 그리도 급하거나 통제적이었는지 등의
  답을 시원하게 얻을 수 있을 것이다.

한걸음 더 나아가 내 주변 사람들이 왜 그렇게 행동하는지에 대한 이유와 원인을 명쾌하게 설명해 줄 수도 있게 될 것이다. 도형심리학은 이렇게 인간관계를 이해하고 성숙시키는데 매우 유용한 학문이며 검사도구이다. 끝으로 이 책의 가장 큰 특징은 지금까지 공개되지 않았던 도형심리검사 해석공식을 자세하게 실어서 누구라도 조금만 공부하면 전문가가 될 수 있도록 안내하고 있다는 점이다.

도형심리상담의 장점과 활용법

1. 내담자가 상담자에 대한 거부감이 없고 재미있게 상담에 응할 수 있다.
2. 상담자는 내담자로부터 빠른 시간 안에 신뢰를 얻을 수 있다.
3. 상남 시 빠른 시간 안에 본론으로 들어갈 수 있다.
4. 상담 시 빠른 답을 얻을 수 있어 한국인의 정서에 맞다.
5. 검사지에 나타난 내담자의 상태를 한눈에 파악할 수 있다.
6. 상담자 자신의 모습도 비추어 볼 수 있다.

7. 상담 전문가가 아니어도 누구나 도형심리를 배워서 사용할 수 있다.

8. 타고난 기질에 대한 장점과 단점을 파악하여 적성에 맞는 전인교육을 할 수 있다. (학생들의 진학과 진로 상담 시 적성 파악하기)

9. 서로 다른 상대방의 기질과 성격을 이해하고 공감하여 성숙한 인간관계를 형성해 나갈 수 있다.

10. 직장이나 사회생활에서 만나는 사람들 가운데 대화가 힘들고 관계가 원활하지 못할 경우 그 이유를 알 수 있고, 개선점을 찾을 수 있다.

11. 동일한 상황에서도 사람마다 세상을 바라보는 시선이 다른 원인을 명확하게 설명해 준다.

12. 직장 상사나 동료, 배우자, 자녀들을 있는 그대로 보고 이해할 수 있게 된다.

13. 어느 순간 주위 사람들과의 소통이 수월해지고, 다양한 시각으로 세상을 바라볼 수 있게 된다.

14. 사람들과의 의사소통 능력이 향상되고, 동시에 자기통찰 능력도 높아진다.

15. 자신감이 높아지고 새로운 활력을 찾게 된다. (전에는 만남을 피해왔던 독특한 성격의 사람들을 만날 준비가 되어 있는 자신을 발견하게 된다.)

16. 이해심이 높아지고 주변에 있는 가까운 사람들에게 애정을 느끼고 감사하는 마음을 갖게 된다.

17. 자기개발, 자기발견, 자기실현의 도구로 활용할 수 있다.

　필자는 이렇게 유익한 도형심리이론과 도형검사 도구를 소개할 수 있어서 기쁘고 흐뭇하다. 이제 자신과 상대방을 알고 나아가 더 성숙한 공동체를 꿈꾸는 현대인들에게 이 도형심리이론과 도형검사 도구가 내면의 길을 찾아주는 내비게이션 같은 역할을 해주기를 희망한다.

2020년 2월　한진주

● ● 　추천사

　　우리는 지금 무엇보다 소통이 중요한 시대에 살고 있습니다. 엄청난 속도의 정보와 인공지능기술의 최첨단, 5G시대에 살고 있습니다. 하지만 안타깝게도 대인관계의 질은 떨어지고 건강한 공동체의 모습은 점점 더 찾아보기 힘든 시기입니다. 젊은이들은 결혼을 하고, 자녀를 낳아서 기르고, 내 집을 마련하여 오손도손 살아가던 기존 과제를 거부하고, 새로운 대안을 찾아 나서는 과도기적 시대입니다. 그래서 지금은 인문학의 역할이 절실하게 필요한 시기이기도 합니다.

　　저는 대학에서 수십 년간 사회복지학을 가르치고 있으며, 복지학과 심리학이 아주 밀접한 관계가 있다는 것을 강조하고 있습니다. 따라서 본서 저자인 한 진주 박사와 오랜 세월 학문적 교류를 유지하고 있으며, 방학 기간을 활용하여 우리학교 학생들에게 심리학 강의를 들을 수 있도록 적극적으로 추천해 주기도 합니다.

　　반가운 것은 이번 여름방학 기간에 맞춰 "한권으로 끝나는 도형 심리학" 책을 출간해 주셔서 무척 기쁩니다. 특별히 강력한 효과가 있으면서 간편한 이론인 도형심리학은 우리 학생들에게도 매우 유익한 학문이며 검사도구입니다. 이번에 이와 같이 실용심리학의 핵심 분야인 도형심리학 전문도서를 출간해 주신 한진주 박사님께 다시 한 번 감사드립니다.

　　아울러 유익하고 좋은 책 발간을 진심으로 축하드리며, 많은 분들이 이 책을 통하여 소통의 기쁨과 관계의 미학을 배워나가시기를 바랍니다.

2020년 2월 교수 김한식
대구 공업대학교 사회복지경영계열 계열장 경영학 박사

도형심리상담의 인간관

인간은 타고난 기질대로 살아야 건강하고 행복하다.

- 히포크라 테스

제1부

도형심리상담의 이해

도형심리유형검사(GPTI)는 도형그림을 통하여
내담자의 심리를 진단하고 분석하는 투사적 검사도구로서

히포크라테스 체액설을 현대적으로 재해석한
바슐라르의 신 기질론을 바탕으로
내담자의 기질적 특성과 성격적 특성,
그리고 현재 심리상태(이상심리)등을 파악하여
내담자를 이해하고

내담자가 보다 더 바람직한 방향으로
나아가도록 돕는 심리검사도구이다.

Chapter 1.
도형심리상담이란 무엇인가?

1. 도형심리상담의 이론적 배경

의학의 시조인 히포크라테스는 기원전 4세기 무렵 우주의 4원소 설(說)에 기초해 인간의 신체도 하나의 소우주라고 가정하였다. 지구를 오대양 육대주로 본다면 소우주를 상징하는 우리의 몸은 오장육부로 이어져 있다. 기하학의 도형은 땅을 측량하기 위해 필요한 학문이고 소우주의 마음을 측량하기 위해 사용하는 것이 '도형'이라고 할 수 있다.(오형규 외 2009)

수학 평면기하학에서 오래전부터 사용하고 있는 기본 도형 O△□S은 전 세계가 통일되게 사용하고 있다. 여기서 기본 도형 O△□S을 사용하는 이유는 이 기본 도형이 여러 도형 중에서 가장 단순하고 명확한 형태를 가지고 있으며, 각각이 갖는 특성이 뚜렷하게 구별되어 시각적 의사소통의 도구라 할 수 있기 때문이다. 그러나 영어의 S는 미국에서는 스프링(지그재그)모양으로 표시했으며, 우리나라도 초기에는 반달 모양, 별 모양, 배 모양 등을 사용했지만 근래에 와서는 모두 영어의 S로 통일하여 사용하고 있다.(오형규 외 2009) 여기서 S는 기본도형인 O△□가 섞여 있는 것으로 다각형(오각형, 육각형 등)을 의미한다.

우리나라에 도형상담이 들어온 것은 1985년으로 알타이어 목사에 의해 정범환 소장을 비롯한 몇몇 분들에게 소개되면서부터 알려지게 되었다. 도형의 역사는 약 2,800년이나 되었지만 실제로 기질과 도형이 만난 것은 20세기에 들어와서이다. 알타이어목사가 구약성경에서 아브라함(점액질)과 모세(우울질), 신약성경에서 베드로(다혈질)와 바울(담즙질)을 선택하여 이들이 "인간의 대표 유형"이라는 것을 발견하였다. 그 후에 도형학자인 칼 라이너 박사가 4가지 도형(O△□S)을 인간의 대표 유형에 도입하게 되었는데 다혈질은 O, 담즙질은 △, 점액질은 □, 우울질은 S를 선택하여 적용하였다. 여기에 하버드 대학의 심리학과 주임교수였던 매슬로우의 욕구체계 이론과 길포트의 지식의 그물, 콜벅의 가치체계 이론 등을 거치면서 그 토대를 이루게 되었다

2. 도형상담의 정의

도형상담에 대한 정의를 살펴보면 어떠한 관점에서 바라보느냐에 따라 조금씩 차이가 있다. 도형상담연구소 정범환 소장은 "도형으로 그림을 그리게 하여 그 그림 속에서 나타나는 내용을 분석, 기질의 장단점, 적성, 재능, 지능 등을 파악한 후 말씀으로 치료하는 상담요법"이라고 정의하였으며, 도형분석상담연구소의 장해성 소장은 "현대인의 복잡한 심리 상태를 도형으로 분석하여 말씀으로 치유하는 상담 프로그램"이라고 정의하였다.

한국도형심리학회 윤석규 교수는 "창세기의 하나님 형상론 내용을 기질론으로 풀어준 히포크라테스, 칸트, 팀 라헤이의 기질론을 기초로 하여 심리학자들의 도형심리 이론과 위치이론, 정신의학을 한 쪽 기둥으로 삼고 지글러, 노만 필 등의 신 휴머니즘 이론을 다른 쪽 기둥으로 삼으며, 성경의 창조적 믿음의 행동 양식을 지붕으로 하여 만든 인간에 대한 종합, 통합적 이해와 자기계발을 시도하는 심리상담 이론"이라고 정의하였다.

TNT 인재개발원 오미라 원장은 "기하 도형의 형태에 따라 각기 다른 성격 특성을 나타내며 그림의 위치, 모양, 크기 수준에 따라 심리, 정서적 측면을 진단하는 검사도구로서 성격, 심리, 정서적 평가 및 분석의 도구로 활용되어 기질적 특성, 현재 바라는 욕구, 스트레스 상황에 대하여 긍정적인 해석을 제공해줌으로써 자신의 강점과 약점을 성찰하게 하고 부정적인 기질적 특성이나 생활양식을 보다 더 바람직한 방향으로 나아가도록 돕는 검사도구"라고 정의하였다.

이러한 정의들을 종합하여 한국도형심리상담협회에서는 "내담자의 심리를 진단하고 분석하는 투사적 검사도구로서 히포크라테스의 기질론을 현대적으로 재해석한 바슐라르의 신 기질론을 바탕으로 내담자의 기질적 특성과 성격적 특성, 그리고 현재 심리상태(이상심리) 등을 파악하여 내담자를 이해하고 보다 더 바람직한 방향으로 나아가도록 돕는 심리검사 도구"라고 정의하였다.

3. 도형심리유형검사 명칭 : GPTI-Graphics Psychology Type Indicator

도형상담 입문서 저자 백승철 소장은 2013년 책을 출간하면서 그동안 도형상담 검사지에 대한 통일된 이름이 없음을 깨닫고 상담학회 등에서 인정받을 수 있는 검사지에 대한 전문 용어의 필요성을 느끼게 되어 2013년 '도형심리유형검사(Graphics Psychology Type Indicator-GPTI)'라는 이름을 처음으로 사용하였다.

4가지 기본도형(O△□S)을 가지고 도형심리유형검사(GPTI)지에 도형을 그린 그림형태를 통해 반영된 내담자의 영적, 정신적, 정서적, 인지적, 행동적 상태를 다각적으로 통찰하고 성격, 기질, 적성 등을 파악하여 자아발견을 도와주고 치유와 회복을 목표로 하는 상담을 통틀어 '도형상담'이라고 한다.

이러한 도형심리상담의 핵심은 내담자가 그린 도형의 형태를 통해 기질과 성격을, 도형의 크기와 위치 및 배열상태 등을 분석하여 내담자의 심리적 갈등과 역동성 등을 파악하는 것이다. 도형심리상담은 이렇게 해서 얻은 정보를 토대로 내담자의 어려움과 당면한 문제들을 함께 풀어 나가는 통합적인 상담방법이라고 할 수 있다.

4. 도형상담 검사지 양식 (Form)

도형상담연구소 정범환 소장은 20여 년 동안 도형상담을 하면서 검사지 양식의 사각형 틀에 대해 '도형상담 이론과 분석'에서 '주어진 기본 사각형의 크기는 여백의 가로세로 대비 1:3 / 1:2의 크기가 적당하며 직사각형의 모양이 가장 좋다'고 하였다. 반면 도형분석상담연구소의 장해성 소장은 '검사지로 사용하는 A4 용지에서 가장 이상적인 사각형 틀의 크기를 수많은 경우의 수를 생각하며 다양한 양식지를 만들어 사용해 보면서 내린 결론이 12cm와 6cm의 정사각형이라'고 하였다.

직사각형을 사용했을 경우 의도적으로 사각형에 맞추어서 도형을 늘어놓는 경우가 많았지만 12cm 6cm의 정사각형에서는 도형이 몰리지 않았고, 일반적으로 건강한 사람은 기본형의 배열만으로도 현재의 삶이 역동적인지 아닌지를 구분할 수 있는데 직사각형은 그 구분을 어렵게 만든다고 하였다. 그리고 직사각형 하나만 사용한다면 영. 혼. 육에 대한 경계선의 구분이 모호해지고, 지나치게 커진 도형을 분석하는데 어려움이 있다고 하였다. 이러한 이유로 인해 한국도형심리상담협회에서는 12cm와 6cm의 정사각형의 틀을 공식 검사지의 규격으로 사용하고 있다.

5. 도형 모사법

주어진 문항지를 통한 객관식 검사와 달리 주관적이고 투사적인 도형 그림 검사는 상담자가 내담자에게 검사 방법에 대해 어떻게 설명하느냐에 따라 검사 결과에 많은 영향을 미친다. 그러므로 그 영향을 최소화하기 위해서 도형을 그리는 방법을 규정한 것이 '도형모사법'이다.

먼저 4개의 도형(O△□S)가운데 가장 마음에 드는 것을 하나 골라서 도형심리 유형검사지(GPTI)에 크기나 위치에 상관없이 마음대로 3번 그리고, 남아 있는 3개의 도형을 하나씩 차례대로 골라서 크기나 위치에 상관없이 각각 1번씩 그린다.

예를 들어 먼저 O를 선택했다면 O를 위치나 크기에 상관없이 3번 자유롭게 그린 후 O, 동그라미 도형을 제외의 나머지 도형(△□S)을 차례대로 골라서 각각 1번씩 자유롭게 그린다. 이때 첫 번째로 그린 도형(같은 도형을 세 번 연속해서 그린 것)은 의식에서 그리게 되고, 두 번째로 그린 도형(남은 세 가지 도형을 각각 한 번씩 그린 것)들은 무의식에서 그리게 된다. 그러므로 도형 모사법의 순서를 무시하고 도형을 그리면 의식과 무의식이 바뀌게 되어 정확한 분석을 할 수 없게 되므로 상담자는 내담자로 하여금 1차 도형을 반드시 먼저 그리고, 나머지 도형을 그리도록 안내해 주는 것이 좋다.(백승철 2016))

6. 도형상담 시 주의할 점

1) 상담의 목적을 분명히 하고 대상자 파악과 선정에 주의해야 한다.

2) 상담의 해석 및 적용에 대해 지속적인 임상경험을 해야 한다.

3) 검사지에 나타난 내담자의 기질과 성격을 단정적으로 규정짓지 말고, 항상 개선과 발전의 가능성을 말해 주며, 상대방의 단점을 함부로 공개하지 말아야 한다.

4) 도형심리상담은 만능열쇠가 아니라는 것과 한계성을 인지하고 폐쇄적이고 편협한 상담이 되지 않도록 주의해야 한다. 특히 결정론적이거나 운명론적인 시각으로 접근하는 것은 바람직하지 않다.

5) 도형검사나 도형상담은 일반인도 쉽게 배워서 사용할 수 있지만 해석 시 전문성과 성숙한 인간성을 가지고 접근해야 한다.(백승철 2016))

Chapter 2.
성격과 기질 이야기

1. 성격이란 무엇인가?

성격이란 말은 영어의 personality에 해당하는 것으로 그 어원은 라틴어 persona(페르조나)에서 유래되었고, persona라는 말은 mask(가면)을 의미한다. 현대에 이르러서 성격은 그 구성이나 발달에 대한 견해 차이 때문에 다양하게 정의되고 있다.

G. W. Allport는 "성격을 환경에 대한 한 개인의 독특한 적응방식을 결정하는 정신, 물리적 제조직의 역동적 체제" 라고 정의하였고, M. A. 메이는 "성격이란 사회 속에서 개인의 역할 및 상태를 규정하는 모든 성질의 통합"이라고 하였으며, E. Fromm은 "성격이란 한 개인의 특징이 되며 독자성을 꾸며주는 선천적 및 후천적 정신특질의 총체이다."라고 정의하였다.

M. A 메이 학자의 말대로라면 성격은 사회 속에서 다른 사람에게 어떤 자극을 주고 어떻게 평가되느냐의 사회적 효과 즉 성격이란 사회 속에서의 상호 관계방식이다.

다니엘 디포의 장편소설에 나오는 주인공 로빈슨 크루소는 선박이 파손되어 무인도에 표류되어 무려 28년이나 고독 속에서 원시적 생활을 했다. 그때 그에게는 과연 성격이 있었을까?

2. 성격이 건강을 좌우한다.

'재물을 잃어버리면 조금 잃어버린 것이고, 명예를 잃어버리면 많이 잃어버린 것이고, 건강을 잃어버리면 전부를 잃어버린 것이다.'라는 말이 있다. 이렇게 중요한 건강, 이 건강 역시 성격이 좌우한다. 신체와 정신의 건강은 상호 작용관계로 정신의 건강이 신체에 영향을 미치고, 신체의 건강이 또한 정신 건강에 영향을 미친다. 우리가 흔히 볼 수 있는 신체의 증상 중 성격에 의한 증상으로는 천식, 두통, 궤양, 암, 고혈압, 당뇨, 불면증, 우울증 등이 있다. 물론 이 증상들은 다른 이유에 의해 나타날 수 있지만 성격에 의한 증상일 수도 있다는 것이다.

성격을 건강과 대비하면 크게 두 가지로 나눌 수 있다.

A형 - 질병유발형 : 불안과 불균형 상태, 심장병, 관절염(우울, 정서억압, 완벽), 천식(불안, 공격성), 두통(긴장, 불안, 우울, 적개심, 분노), 궤양(만성불안, 내향성), 부정직 성격, 좌뇌중심, 디지털, 유토피아를 꿈꾸는 유형, 긴장-stress가 많고, 불균형상태이다.

B형 - 치유형 : 생활환경과 조화로움, 성공사례회상, 자아존중감, 유머, 사회적지지, 운동, 체계적 긴장이완, 웃음, 명상, 요가, 긍정적 성격, 우뇌

중심, 아날로그, 아카디아를 꿈꾸는 유형, 균형, 유연성과 여유가 있다.

3. 성격과 기질은 무엇이며, 어떻게 다른가?

성격과 기질은 사전적 정의에 따르면 성격(personality)은 개인을 특징짓는 지속적이며 일관된 행동양식이고, 기질(temperament)은 성격의 유전적, 생물학적 기반이라고 한다. 성격은 인격의 의지적 측면을 말하고 기질은 인격의 생물학적, 감정적 측면을 말한다. 기질이 굳어지면 성격으로 변한다.

스위스의 심리학자 칼 융의 〈심리 유형론〉에 따르면 인간 행동은 그 다양성으로 인해 종잡을 수 없는 것같이 보여도, 사실은 아주 질서정연하고 일관된 경향이 있다고 한다. 이 일관된 경향이 바로 성격과 기질이다.

아울러 성격과 기질은 좋고 나쁜 것이 아니라 단지 사람마다 다르게 나타나는 서로 다른 특징일 뿐이다. 그래서 타고난 기질 상 논리성이 강한 아이라면 상대적으로 창의성이 부족할 수 있고, 호기심이 많은 아이라면 다소 산만할 수 있다. 즉 어른의 눈으로 보기에 못마땅한 아이들의 기질 뒷면에는 반드시 그럴 수밖에 없는 이유와 기질적 특성을 가지고 있다는 것이다. 그래서 늘 아이의 장점을 살려주는 긍정적인 방향으로 바라보는 자세가 중요하다.

우리 아이가 산만하다면 호기심이 많은 아이일 수 있습니다.

우리 아이가 논리적이지 못하다면 상상력이 뛰어난 아이일 수 있습니다.
우리 아이가 말이 많은 아이라면 언어력이 뛰어난 아이일 수 있습니다.
우리 아이가 융통성이 없다면 책임감이 강한 아이일 수 있습니다.

이처럼 성격과 기질을 이해하게 되면 사람들은 모두 성격과 기질에 따른 서로 다른 장점과 능력을 부여받고 있다는 것을 깨닫게 된다. 때로는 단점이라고 생각되는 것까지도 하나의 재능으로 변화될 수 있다는 것을 알 수 있다. 또한 사소한 성격과 기질조차도 어떤 목표를 이루어 가는 데 꼭 필요한 쓰임새가 있다는 것이다.

아이들의 성격과 기질에 따라 롤 모델 인물을 10가지로 분류해 놓은 책이 있다.[1] 그 분류는 제인 구달형(자연 친화형), 빌 게이츠형(사업가형), 제갈공명형(지략형), 에디슨형(탐구가형), 슈바이처형(헌신, 봉사형), 피카소형(예술가형), 존 고다드형(모험가형), 오프라 윈프리형(엔터테이너형), 이순신, 박지성 같은 끈기와 집념형, 링컨이나 간디 같은 지도자형, 이 책은 이렇게 각 인물의 기질과 성격을 잘 분석해 놓았다.

이 책에서는 성격과 기질에 따라 미래 직업에 대한 요구를 다양하게 반영하는 동시에 현재성을 띠도록 롤 모델 인물들을 구성하였다. 그리고 각 롤 모델 분류마다 일상생활에서 일어나는 그들의 행동 패턴이나 사소한

---

1) 성격과 기질로 알아보는 롤 모델 인물백과 /글 공작소 /아름다운사람들 /2010년 10월 29일 / 출판사 리뷰 중에서

습관들도 놓치지 않고 적어놓아 아이들이 쉽게 자신의 성격과 기질을 비교할 수 있다.

예를 들어 오프라 윈프리형(엔터테이너형)은 '남을 기쁘게 해 줄 깜짝쇼를 준비하는 것이 즐겁고 좋아요', '내 이야기를 상대를 가리지 않고 잘 털어놓아요', '나는 어떤 상황이든 잘 적응하는 편이에요', '나는 흥분을 잘하고 목소리가 커요', '나는 분위기를 잘 띄우고 사람들과 관계가 좋아요' 이처럼 분류된 인물마다 조목조목 밝혀 놓은 항목들을 보기만 해도 '아, 이것은 내 이야기구나, 내가 이런 성격과 기질의 소유자구나'하고 급 공감하게 된다.

결과적으로 이 책은 아이의 성격과 기질에 맞는 롤 모델을 찾아 주고, 그 성격과 기질에 따라 어떤 분야의 인물을 롤 모델로 결정할 때 자신이 가장 큰 재능을 발휘할 수 있는가를 알게 해 준다. 또한 서로 다른 기질들을 가진 롤 모델 인물을 보면서 서로 다른 성격과 기질의 사람들에 대해서도 알아갈 수 있게 도와준다.

이렇게 중요한 개인의 성격과 기질을 쉽고 간편하게 알아 낼 수 있는 방법이 바로 이 도형심리유형검사이다.

4. 성격을 의미하는 용어들: 인격, 성격, 기질 (성질, 성깔 등)

기질과 성격과 인격은 모두가 우리에게 나타나는 성격의 한 부분으로 서로 상호작용을 통해서 나타나며 서로 다른 특성이 있다.

1) 인격(Personality)

인격은 인간의 겉 부분을 싸고 있는 성격으로 우리가 전혀 모르는 사람에게 좋게 보이기 위해서 노력하는 겉모습을 말한다. 즉 인격은 우리의 다듬어진 성격으로 겉포장을 멋지게 한 상품의 포장지와도 같다. 예를 들면 1년에 한두 번 정도 만나는 자녀의 학교 교장선생님이나 사돈어르신 등을 대할 때 나타내는 관계방식으로 이것을 인격적 소통이라고 말할 수 있다.

2) 성격(Character)

성격은 개성이라고도 하는데 이것은 후천적인 환경이나 교육, 문화, 습관, 양육형태 등을 통해 형성된 개인적인 특성을 말한다. 이 성격은 똑 같은 행동을 거듭 반복할 때 습관을 통해서 생기고, 또 습관을 통해서 바뀔 수 있다. 예를 들면 급한 성격, 꼼꼼한 성격, 깔끔한 성격, 호탕하거나 소심한 성격 등이 있고, 이 성격은 사회적 기능으로 직장에서나 학교 등 공공장소에서 나타나는 규범적 행동 패턴이다.

3) 기질(Temperament)

기질은 선천적으로 타고난 성격으로 체질이라고도 하며, 세상에 태어날 때 부모나 조상으로부터 물려받는 특성이기도 한다. 이 기질은 평소에는 잘 보이지 않는 성격으로 극한 상황이 온다거나 어려운 상황이 닥쳤을 때, 또는 가장 편안한 상태가 되었을 때, 즉 직장에서는 인격과 사회적 성격으로 근무하다가 집에 오거나 친하고 허물없는 친구들을 만났을 때, 갑자기 돌변하여 자신의 본 모습을 드러내는 상태를 말한다. 따라서 기질은 환경적 자극에 대한 개인의 반응양식을 결정하고, 성격과 인격(character와 personality)을 형성하는 기반이 되기도 한다.

4) 성격과 인격의 차이

우리들은 성격이란 말과 인격이란 말을 혼용해서 사용하고 있다. 예를 들면 "그 사람은 인격자다." 또는 "그 사람의 성격은 원만하다." 등으로 특정 개인을 논할 때 빈번히 사용되고 있어 애매모호하게 혼용되고 있다.

우선 성격과 인격, 이 두 가지 단어가 사실 확실히 구별이 되지 않는다. 우리말 사전(새 우리말 사전, 삼성출판사)에서는 성격을 '사람의 정신생활의 모든 면에서 나타나는 각 개인의 특유한 감정, 의지, 행동 따위의 경향'을 말한다. 또한 넓은 뜻으로는 '인격'을 형성하는 중요한 부분으로 성격을 인격의 한 요소로 본다. 인격이란 '사람이 사람으로서의 가치를 갖는데 필요한 정신적 자격'이라고 하여 몰가치적인 성격에 비해 인격은 가치적인 개념으로 기술하고 있다. 그래서 인격이란 개념을 '복잡한 정신 현상이 의식 속에서 통일되어 있는 개인의 특성'으로 기술하였다.

인격이란 말에는 가치관이 포함되어 있다. "그 사람은 인격자이다."라고 말하는 것은 그 사람이 곧 훌륭한 사람이라는 뜻이 된다. 그러나 이에 비해 '성격'이란 말에는 가치관이 들어가 있지 않아서 '그 사람은 성격자이다.'라고 표현하지는 않는다.

5) 성격과 기질의 차이

성격과 기질이 근본적으로 다르다고는 볼 수는 없지만 이 둘은 여러 차원에서 구분될 수 있다.(이현수, 1994: Strelau, 1983).

첫째, 사회적 조건에 의해 결정되는 행동은 성격의 범위에 속하고, 개인의 생물학적 요인에 의해 결정되는 행동은 기질의 범위에 속한다고 할 수 있다.

둘째, 성격의 특징은 학습과 사회화 과정의 영향을 받는 성인기에 나타나는 반면 기질은 아동기 초기부터 두드러진다.

셋째, 성격의 특징은 자아, 자기 효능성, 자기통제와 같은 인지적 개념을 기술할 때나 성취욕구와 같은 행동목표를 기술할 때 활용되지만 기질은 인간 이외의 동물의 행동에서도 나타나기 때문에 이렇게 활용될 수 없다.

마지막으로 기질은 성격보다 안정된 특성이 있다. 그러나 기질도 죽을 때까지 절대 불변하는 것이 아니라, 만성적 질병, 영양상태, 그리고 학습과 특별한 경험과 같은 환경적 요인에 의해서 어느 정도 변화할 수 있다.

기질 :

내 몸의 성질, 체질이다. 유전이며 본성이다.
1차 기질은 바꿀 수 없으며 바꾸려 하면
스트레스로 인해 병이 생길수도 있다.
(1차-70% 2차-50% 3차-30%
4차-열등에너지 거의 안 씀)
성격 : 기질 + 환경 / 인격 : 성격 + 사회적 반응

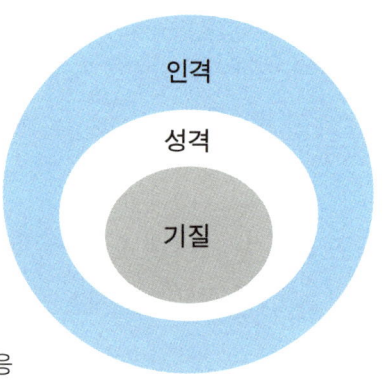

6) 도형심리에서 말하는 기질론

히포크라테스는 인간의 기질을 담즙질(膽汁質), 흑담즙질(黑膽汁質), 다혈질(多血質), 점액질(粘液質)의 4가지로 분류하였다. 담즙질은 급하고 화를 잘 내며 적극적이고 의지가 강하다. 흑담즙질은 우울질이라고도 하며 신중하고 소극적이며 말이 없고, 상처받기 쉬운 비관적인 기질이다. 다혈질은 쾌활하고 밝으며 순응적이고, 타협적이며 기분이 변하기 쉽다. 또 점액질은 냉정하며 근면하고 감정의 동요와 변화가 적고 무표정하며 끈기가 있다. 이것은 실증적 근거가 있는 것은 아니다. 그러나 이 분류는 근대 내분비학(內分泌學)에 바탕을 둔 기질연구로 이어지고 있다.

이 네 가지 기질의 특성을 간단히 요약하면 다음과 같다.

다혈질 : 감정적이고 따뜻하고 적극적입니다.
담즙질 : 의지적이고 냉정하나 적극적입니다.
점액질 : 감정적이고 따뜻하나 소극적입니다.
우울질 : 지적이고 냉정하나 소극적입니다.

그리스 의학자 히포크라테스는 체액을 혈액, 점액, 담즙, 흑담즙 등으로 나누고 이 4가지 체액이 적당한 비율로 섞여 있으면 건강하고 안정적이며, 적당히 섞여 있지 않고 어느 하나가 너무 많거나 적으면 불완전한 기질을 갖게 된다고 보고, 이에 기초한 질병을 분류하였으며, 이때 지배적인 체액에 따라 기질이 결정된다고 보았다.

예를 들어, 혈액이 지배적인 체액일 때 나타나는 기질로는 성격이 겉으로 드러나며 외향적이다. 보통 먼저 대화를 시작하고 즉각적인 반응을 드러내며 감정의 변화가 심하다. 큰 소리로 웃거나 대화를 주도하여 주목받는 것을 즐기며 웅변이 뛰어나다. 주변 사람과 사물에 대해서 늘 호기심을 가지며 환경에 잘 적응한다.

이 혈액이 지배하는 사람의 기질을 다혈질이라고 부른다. 이 다혈질 기질의 사람의 특징은 낙천적이고, 좌절하거나 미래에 대하여 두려움을 갖지 않으며, 과거 일을 쉽게 잊어버리고, 현실에 충실하다. 또한 끊임없이 여러 가지 계획을 세우고 추진한다. 첫인상이 좋아 사교적이고 다른 사람들에게 진실한 마음을 갖는다. 반면 이 기질의 단점은 시끄럽고, 자기중심적이고, 급하고, 화를 잘 내고 변덕스럽다.

위에서 기술한대로 도형심리유형검사에서는 내담자의 주 기질을 먼저 분석하고 그 다음에 주된 성격과 2차 성격과 비활성화 되어 있는 성격과 인격을 모두 분석하고 인지하여 필요 시 재구성을 할 수 있다.

나머지 기질들에 대한 특성은 2부 도형심리유형의 기질별 특성에서 자세히 설명해 나갈 것이다.

기질 성격 인격 설명

기질 Temperament
- 한 개인이 부모에게서 물려받은 유전적 특성
- 민족, 인종, 성별 그 외 다른 유전적 요인에 의해 결정되는 선천적 성질
- 히포크라테스는 4가지로 구분(다혈질, 담즙질, 점액질, 우울질)

성격 Character
- 인간관계에서 표면적으로 나타나는 태도
- 기질과 인격을 외적으로 표현한, 한 개인을 가장 잘 나타내 주는 특성
- 의지적 반응이므로 기질과는 달리 후천적

인격 Personality
- 사람의 참 모습
- 지·정·의로 이루어지며 이 셋이 균형을 이룬 것이 좋은 성품
- 선택하여 훈련할 수 있는 성질

5. 나의 성격은 어디에?

인품

인격

성품

성격 - 인간성- 찬란한 면↑ 침침한 면↓

성질

성깔

꼬라지

싸가지

Johari's Window

```
              Feedback →
         ┌─────────────┬─────────────┐
         │ Open Self   │ Blind Self  │   남이
    노    │ 행동, 감정,  │ 행동, 감정,  │   아는
    출    │ 동기에 대해서│ 동기에 대해서│   영역
 (Exposure)│자신도 알고  │자기는 모르는,│
         │있고, 타인에게도│타인은 알고  │
         │알려져 있는  │있거나 보여지는│
         │영역.        │영역.        │
         ├─────────────┼─────────────┤
         │ Hidden Self │Undiscovered │
         │             │   Self      │   남이
         │행동, 감정,  │행동, 감정,  │   모르는
         │동기에 대해서│동기에 대해서│   영역
         │자기는 알고  │자기도 남도  │
         │있으나 타인에│모르는 미지의│
         │게는 숨겨서  │영역.        │
         │그들이 깨닫지│             │
         │못하게 하는  │             │
         │영역.        │             │
         └─────────────┴─────────────┘
          내가 아는 영역   내가 모르는 영역
```

6. 조 & 해리의 창(Johari's Window) / 성격의 4분면

나도 알고 남도 아는 나

나는 알고 남은 모르는 나

남은 알고 나는 모르는 나

나도 모르고 남도 모르는 나

의식적인 나, 무의식적인 나

7. 소와 사자의 사랑이야기

이 부분은 이야기를 들려주는 형태로 풀어갑니다.

어느 작은 마을에
소와 사자가 있었습니다.
둘은 죽도록 사랑합니다.

둘은 혼인을 했습니다.
둘은 최선을 다하기로 약속합니다.

소가 최선을 다해서
맛있는 풀을 날마다
사자에게 대접했습니다.
사자는 풀이 싫었지만 참았습니다.

사자도 최선을 다해서
맛있는 살코기를 소에게 대접했습니다.
소도 괴로웠지만 참았습니다.
그러나 참을성은 한계가 있습니다.

둘은 마주앉아 이야기합니다.
소와 사자는 크게 다투었습니다.
둘은 끝내 헤어지고 맙니다.

헤어지면서 서로에게 하는 말은

"나는 최선을 다했어." 입니다.

소와 사자의 이 사랑에는
무엇이 문제가 되었을까요?
죽도록 사랑했던 그들이
왜 헤어지게 되었을까요?

소는 소의 눈으로만 세상을 보고
사자는 사자의 눈으로만 세상을 보았기 때문입니다.

나 위주로 생각하는 최선, 상대를 보지 못하는 최선,
그 최선은 최선일수록 최악을 낳습니다.
여러분의 최선은 어떠한가요?

- 박해조 저 『제목 없는 책』 중 "눈먼 최선은 최악을 낳는다."에서.

사람은 타고난 기질대로 살아야 건강하고 행복하다. - 히포크라 테스

사람은 누구나 자기가 타고난 기질대로 살아야 합니다. 자신의 기질대로 살지 못하고 참거나 숨기고 살면 스트레스가 쌓여서 관계도 깨지고, 몸과 마음에 병이 듭니다. 도형심리유형검사를 해보면 자기 기질이 아닌 가면을 쓰고 사는 사람의 모습을 발견할 수 있습니다.

소에게는 소의 기질이 있고, 사자에게는 사자의 기질이 있습니다. 이 기질은 서로 다릅니다. 그래서 우리는 자신의 기질과 타인의 기질을 아는

것이 매우 중요합니다. 소는 풀을 먹고 사는 체질(기질)이고, 사자는 고기를 먹고 사는 체질(기질)입니다.

이렇게 서로 다른 기질을 가지고 "어떤 것은 좋고, 어떤 것은 나쁘다"라고 평가할 수는 없습니다. 다만 나와 상대방의 기질을 알고, 서로 다름을 인정하고, 존중하고, 이해하고 살아야 한다는 것입니다.

여기서 소는 점액질 □의 상징이고 사자는 담즙질 △의 상징입니다.
이것을 아는 것이 중요합니다. 아는 만큼 보이고 아는 만큼 통합니다.

소와 사자는 처음부터 왜 그렇게 끌리고 끌려서 뜨거운 사랑을 하게 되었을까요? 그리고 그 둘은 주위 사람들의 반대에도 불구하고 왜 그렇게 빨리 결혼을 하였을까요?

콩깍지가 씌어서 그렇다고 합니다.
콩깍지는 다름에 대한 매력입니다.
다름에 대한 매력은 그 힘이 너무 강해서 단숨에 끌리고 첫눈에 반합니다.

그 다름이 좋아서 끌리고 같이 살고 싶어서 결혼을 했는데 그 다름 때문에 끝내 헤어져야 한다면 이것은 분명 뭔가가 잘못 된 것입니다.

내가 그 소와 사자 부부에게 지금껏 미안한 마음이 드는 것은 좀 더 일찍 그들 부부를 만나서 도형심리유형검사를 해 주었어야 했는데 못해준

것 때문입니다. 나도 그때는 알지 못했고, 그들이 헤어지고 난 후에 그 소식을 들었습니다. 참으로 안타까운 일입니다. 그래서 나는 지금 이 책을 씁니다. 마치 하늘의 소명을 받은 사람처럼 사명을 띠고 이 책을 씁니다. 또한 이 책을 가지고 앞으로 더 많은 소와 사자 부부들을 만나서 상담을 하고, 강의를 하며 그들을 도울 것입니다.

자, 소와 사자의 러브스토리의 계속입니다. 그들은 말합니다. 그들이 주변의 반대에도 무릅쓰고 결혼을 그렇게 빨리 서둘러서 했던 이유는 그들이 서로를 죽도록 사랑하고 사랑보다 더 중요한 것은 없기 때문이라고 합니다.

그래서 그들은 결심합니다. 이렇게 어렵게 결혼하게 되었으니 서로 최선을 다해서 보란 듯이 잘 살아보자고 다짐하고 또 다짐합니다. 그래서 소는 사자에게 신선하고 맛있는 풀을 뜯어 날마다 사자에게 바쳤습니다. 사자는 싫었지만 아닌 척하며 꾹 참았습니다. 이에 사자도 소에게 질세라 사냥을 해서 자기도 먹고 싶은 맛있는 살코기를 사랑하는 소에게 가져다줍니다. 소는 괴로웠지만 참았습니다. 아마 이때부터 광우병이 생긴 것 같습니다. (청중웃음)

슬픕니다. 찬다 춥다 도저히 잠을 수 없는 지경까지 왔습니다. 이렇게 살다가는 둘 다 죽을 것 같습니다. 그래서 서로에게 울면서 말합니다. "이제 헤어지자"고 그리고 물었습니다. 그동안 내가 얼마나 참았는지 알아?, 그동안 내가 얼마나 최선을 다했는지 아냐고? 이렇게 자신이 할 수 있는 최선을 다했다고 둘 다 똑같이 외치고 또 외칩니다.

그러나 달리 방법이 없습니다. 이제 헤어지는 것 외에 그들에게 남은 것은 아무것도 없습니다. 자, 여기서 잘못된 것은 무엇일까요? 모름입니다. 다름에 대한 모름, 서로가 서로의 기질과 체질에 대해서 모른다는 것입니다. 그래서 오직 자기위주로만 생각했던 것입니다.

내가 소니까 상대방도 당연히 소일 것이고, 또 소니까 당연히 풀을 좋아 할 거야. 내가 사자니까 상대방도 분명히 사자이고 그러니까 분명히 고기를 좋아 할 거야.

그러니 내가 내 사랑하는 아내를 위해서, 내 남편을 위해서 또는 내 자식을 위해서 이 한 몸을 바쳐 사냥을 하고 풀을 뜯어야지. 목숨을 걸고 사냥을 해서 그 고기를 가져다주면 내 식구들은 틀림없이 기뻐하고 나를 좋아 할 거야. 그리고 행복해 할 거야.

그러나 과연 그럴까요?

이 무지가 바로 고통이고, 단절입니다. 이것은 소의 세상, 사자의 세상입니다. '나' 위주로 생각하고 행동하는 최선, 상대방의 기질을 못 보고, 일방적으로 노력하는 최선, 그 최선은 최선일수록 최악의 결과를 만듭니다.

인간은 서로 다르다는 것을 알고, 상대에 대한 앎, 자신의 대한 앎, 상대의 기질, 나의 기질 등을 알아야합니다. 이것을 배우고, 연구해야 합니다. 나는 어떤 기질의 사람인지, 나는 어떤 기질의 사람과 잘 맞는지, 또 상대방은 어떤 기질의 사람이고, 무엇을 좋아 하고, 무엇을 싫어하는지, 무엇을 했을 때 힘이 나고, 무엇을 했을 때 실망하는지, 상대방이 좋아하는 음식은 무엇이고, 싫어하는 장소는 어디인지, 이런 것들을 아는 것이 바로 이 도형심리이론이고 검사입니다. 물론 다른 심리검사들도 있습니다.

지금 이 책을 읽고 있는 독자 여러분들은 행복한 사람들입니다. 이 도형심리상담 이론을 배우고 도형심리검사와 분석을 통하여 나 자신의 기질을 알고, 상대방의 기질도 알고, 더 나아가 주변사람들에게 도움을 주면서 살 수 있으니까요.

여러분들은 부디 이 도형심리상담 이론과 실제를 잘 배우고 익혀서 유익하게 활용할 수 있기를 바랍니다. 다시는 저 이야기 속에 나오는 소와 사자와 같은 불행을 반복하지 말기를 바랍니다. 적을 알고 나를 알면 백전백승이라는 말도 있습니다. 이것이 윈윈(win-win)입니다. 아는 것이 힘입니다.

8. 칼 라이너의 도형의 정의

△ 삼각형/ 바울/ 미래 지향적 Triangle/ Paul/ Future directed

△ 꿈이 많고 박력이 넘치는 다양한 능력의 소유자

기획형, 주도형(D), 태양인

사람을 다루는 방법 : 분노로 위협

○ 동그라미/ 베드로/ 현실 지향적 Round-Circle/ Peter/ Present directed

○ 다른 사람을 도울 수 있는 사랑의 소유자

정감형, 사교형(I), 소양인

사람을 다루는 방법 : 매력발산

□ 네모/ 아브라함/ 과거 지향적 Square/ Abraham/ Past directed

□ 현실적 직관력이 뛰어난 성실함의 소유자

실천형, 안정형(S), 태음인

사람을 다루는 방법 : 능창을 부림

S 에스/ 모세/ 모든 시제를 다 포함 Confused-Other modes/ Moses/ Any tense directed

S 냉철함이 있으면서 예술적 기질의 소유자

사색형, 신중형(C), 소음인

사람을 다루는 방법 : 분위기로 위협

흥미로운 것은 여기서 말하는 4가지 유형을 "끌림의 법칙"이라는 책에서는 호르몬으로 구분하는데 이 유형과 일치한다는 것이다.

소유주의자와 우울질은 세로토닌, 쾌락주의자와 다혈질은 도파민, 탐구주의자와 점액질은 테스토스테론, 윤리주의자와 담즙질은 에스트로겐으로 구분된다.

4체액 설은 철학자 엠페도클레스(Empedocles, BC490?~BC430?)가 처음으로 주장했던 4원소 설에 근원을 두고 있다. 4원소 설은 우주는 흙, 공기, 물, 불(earth, air, water, fire)의 네 가지 원소로 이루어져 있다는 것으로, 현재 일부분만 남아있는 엠페도클레스의 시, 자연의 시(Poem on Nature)에 해설되어 있다.

한편 4체액 설은 그의 제자들이 처음 주장한 것으로 알려져 있다.

사람의 몸은 건, 냉, 온, 습(dry, cold, hot, moist)의 성질을 가진 4가지 체액으로 이루어져 있으며 이들이 균형 잡힌 상태일 때 건강하다는 학설이다. 4가지 체액은 피, 점액, 황담즙, 흑담즙이다. 피는 열하고 습하며, 점액은 차고 습하다. 황담즙은 열하고 건조하며 흑담즙은 차고 건조하다. 4체액 설에 의하면 한 원소가 많을 때 반대가 되는 원소를 보충해주는 것이 좋은 치료법이다. 또 각각의 사람은 어느 한 가지 체액을 중심으로 평형을 이루고 있는데, 그것으로 개인의 체질을 구분할 수 있다는 일종의 의학 이론이다.

4체액 설에 의하면 체액의 불균형으로 인해 질병이 생기며 식이요법과 배출법을 통해 체액의 균형을 맞춰 건강을 회복할 수 있다.

히포크라테스는 인간은 정액, 즉 체액에서 생겨나기 때문에 액체가 생명의 근원이 될 수밖에 없다고 생각했다. 때문에 그는 처음부터 일관되게 공통적으로 혈액(blood), 담즙(bile), 점액(phlegm) 세 가지 체액이 사람의 몸을 이룬다고 주장했다. 네 번째 체액은 초기에는 물(water)이었으나 후일 흑담즙(black bile)으로 바뀌었다. 두 종류의 서로 반대되는 체액 간의 불균형이 병이 된다는 이 학설은 대칭과 균형을 추구했던 피타고라스학파의 영향을 받은 결과라고 추정된다. 수학적 사색을 중시한 피타고라스학파는 4라는 숫자에 큰 의미를 부여했다.

한편 모든 체액은 각각 만들어지는 관련 장기가 있다. 혈액은 심장에서, 점액은 머리에서, 담즙은 담낭에서, 흑담즙은 지라에서 만들어진다. 이 체액들은 음식물을 통해 항상 새로 보충되기 때문에 영양이 중요하다. 질병은 체액이 남거나 모자라는 경우, 몸이 충격을 받거나 피로한 경우, 기압의 변화로 체액이 굳거나 녹아 다르게 변한 경우에 생긴다고 설명했다.

이 4가지 체액들이 신체의 성질과 건강을 결정한다. 이들이 적당한 조화를 이룰 때 사람은 건강하며, 이들의 조화가 깨져 어느 하나가 모자라거나 넘치면 병이 생긴다고 보았다. 따라서 의사의 임무는 이들이 조화와 균형을 회복하는 것을 도와주는 것이고, 병을 낫게 하는 근본적인 힘은 자연에 있다고 보았다.

따라서 이 기질론이 신체의학에서 나온 것인데 이것을 심리성격기질 유형으로 적용해 볼 때 기질의 균형과 불균형으로 심리, 정신내적 건강과 역동으로 분석해 볼 수가 있다.

9. 도형과 호르몬의 관계-끌림의 법칙

호르몬이란 동물체 내의 특정한 선(腺)에서 형성되어 체액에 의하여 체내의 표적기관까지 운반되어 그 기관의 활동이나 생리적 과정에 특정한 영향을 미치는 화학물질이다.

호르몬으로 구분하는 인간의 4가지 유형
테스토스테론 / 에스트로겐 / 도파민 / 세로토닌

왜, 4가지로만 구분을 할까.
한경아 저 『마음을 훔치는 뇌호르몬의 비밀』[2] 끌림의 법칙에서도 이렇게 말하고, 고대 그리스의 의사 히포크라테스도 인간의 유형을 총 4가지로 분류했다.
정의롭고 계급사회를 동경하는 성취주의자, 즐거움을 추구하는 쾌락주의자, 논리적이고 명쾌한 탐구주의자, 도덕적인 가치를 최우선으로 생각하는 윤리주의자.

고대 그리스의 의사 갈레누스 역시 인간을 4가지 유형으로 분류했는데
신중한 성격의 우울질, 명랑한 성격의 다혈질, 합리적인 성격의 점액질, 따뜻한 성격의 담즙질로 나누었다. 재미있는 것은 여기서 말하는 4가지

---

2) 『마음을 훔치는 뇌호르몬의 비밀 끌림의 법칙』, 한경아, 일상이상, 2011년.

유형이 이 책에서 호르몬으로 구분하는 유형과 일치한다는 것이다.

소유주의자와 우울질은 세로토닌, 쾌락주의자와 다혈질은 도파민, 탐구주의자와 점액질은 테스토스테론, 윤리주의자와 담즙질은 에스트로겐.

테스토스테론 '꿈을 찾아, 나아가고 또 나아가자'

테스토스테론 형은 사람은 수학과 과학을 좋아하고 또 잘한다. 덕분에 논리적이고 분석적이다. 감성보다는 이성에 의해 행동하기 때문에 지나치게 감성적인 사람을 이해하지 못한다. 테스토스테론이 테스토스테론을 만난다면 매일같이 싸울 것이다. 잘못을 보면 지적해야 하고, 싸움을 하면 반드시 이겨야 하니까 연애가 아니라 전쟁이 될 수 있다.

네모- 점액질-탐구주의자 (세모-담즙질)

에스트로겐 '따뜻하고 아름다운 세상을 꿈꾸다'

에스트로겐 형은 사람을 중요하게 생각한다. 이들은 누군가에게 도움이 되길 원한다. 자기의 이익보다는 모두가 함께 더불어 사는 세상을 꿈꾸기 때문에 사회적으로 성공하는 삶과는 다소 거리가 멀다. 에스트로겐의 또 다른 특징은 상상력이 무척 풍부하다는 것이다. 이들은 어려서부터 친구들에게 재미있는 이야기를 상상해서 들려준다. 에스트로겐은 아파하는 사람을 만나면 그 사람처럼 아파해주고 그를 위해 뛰어다닌다. 이는 따뜻한 마음과 풍부한 감성, 그리고 상상력 덕분이다.

세모-담즙질-윤리주의자 (동그라미-다혈질)

도파민 '뛰어난 집중력과 활력'

도파민형의 특징은 지칠 줄 모르는 에너지와 넘치는 활력이다. 이들은 힘든 일이 생겨도 그 앞에서 즐거움을 찾아내는 재주를 가지고 있다. 도파민형의 단점이자 장점은 주위 사람들에게 쉽게 동화된다는 것이다. 다양한 사람들과 소통하고 친분을 쌓기에는 좋지만 나쁜 물이 들기도 쉽다.

동그라미-다혈질-쾌락주의자 (S-에스-우울질. 우월질)

세로토닌 '계획을 세우고 성실하게 실천한다.'

세로토닌형의 특징은 도덕적이다. 사회적 관습과 규범을 굉장히 중요하게 여기고 남에게 피해를 주는 일을 극도로 꺼린다. 따라서 상대적으로 무례하거나 제멋대로 행동하는 사람을 매우 싫어한다. 세로토닌은 가족과 친구, 직장동료들에게 애정을 기울인다. 생일축하 인사 또는 새해안부 인사 등을 잊지 않는다. 사람들과의 관계를 그 무엇보다 중요하게 여기기 때문이다. 세로토닌의 단점은 잘못된 일을 봤을 때 쉬지 않고 잔소리를 늘어놓는 것이다. 공중도덕을 어기고 상대를 배려하지 않는 사람, 불성실한 사람들을 보면 참지 못한다. 또 지나치게 과거에 연연한다. 자신이 저질렀던 실수들을 잊지 못해서 연연해할 때가 많다.

S-에스-우울질. 우월질-소유주의자 (네모-점액질)

To love someone is to learn the song in their heart and sing it to them when have forgotten it. - A. Garborg

누군가를 사랑하는 일은 그들의 마음속에 있는 노래를 배워서 그들이 잊고 있던 그 자신의 노래를 들려주는 것이다. - A. 가보그

제2부

도형심리유형의 기질별 특성

다혈질 : 감정적이고 따뜻하고 적극적입니다.

담즙질 : 의지적이고 냉정하나 적극적입니다.

점액질 : 감정적이고 따뜻하나 소극적입니다.

우울질 : 지적이고 냉정하나 소극적입니다.

Chapter 1.
도형으로 알아보는 성격 유형 총론

1. 각도형별 특징

A. 동그라미 다혈질 (Sanguine)

동그라미도형, 다혈질은 명랑하고 따뜻하고 활기차고 열정적인 기질의 성격이다. 외부의 자극에 쉽사리 마음이 바뀌며 감수성이 예민하기 때문에 민감하게 반응을 한다. 다혈질은 다정다감한 성품 때문에 다른 사람들이 곧 잘 마음 문을 열고 친구가 되어준다. 처음 만나는 사람이라도 그 사람의 희노애락 감정을 느낌으로 받아들인다. 그러므로 상대방이 생각할 때 자기가 그의 특별한 친구와 중요한 존재라는 느낌을 받는다. 그러나 다른 사람에게도 그 관심은 똑같이 나타낸다. 누구나 한 번만 만나고 나면 바로 친구관계를 유지할 수 있기 때문에 친구가 많은 편이다. 그러나 깊이 있는 친구관계가 아니라 폭 넓은 친구관계를 갖는다. 다혈질이 이야기 할 때에는 주위의 많은 사람들이 즐겁게 그 이야기를 듣는다. 재미있게 표현을 잘 하기 때문이다. 다혈질은 다른 기질에 비해 많은 사람들이 속해 있는 기질이다. 우리나라 사람의 경우 60~70%가 다혈질의 사람들이다. 그러므로 한국의 민족성을 대표하는 기질은 다혈질이다. 다혈질은 성격이 급하고 말이 앞서기 때문에 우리 주위에서 이런 사람들을 많은 볼 수 있다. 예를 들면, 사람들이 자동차를 운전하다가 작은 접촉사고에도 성질이 발끈하여 길거리 한복판에 차를 세워 놓고 시시비비를 가리고 있는데 이런 사람들이 대부분 다혈질의 사람들이다. 그러나 돌아서면 또 상대에 대한 감정이 깨끗이 정리되기도 한다. 그래서 앞으로도 다혈질에 대한 연구가 더욱 더 많이 이루어져야 할 것이다.

B. 세모 담즙질 (Choleric)

세모도형, 담즙질은 말보다 행동이 빠르며 활동적이고 실용적인 기질의 성격이다. 미래지향적이며 자신의 신념을 높이 평가하는 사람이다. 한 번 일을 시작하면 무슨 일이 있어도 줄기차게 목표를 향해 중단 없는 전진을 계속 하는 편이며, 자기가 가치 있는 일에 종사하고 있다고 생각할 때 가장 큰 행복감을 느낀다. 직관에 의한 판단이 빠르다. 자기가 좋아하는 옷은 새 옷이나 오래된 옷을 가리지 않고 오래 입는다. 끝없는 발상과 계획과 야심으로 다른 사람들을 자극하기도 한다. 여러 가지 의견이나 어떤 쟁점에 대해서도 자기주장이 분명하며 불의한 일을 보면 참지 못하고 부당한 일에 맞서서 싸우기도 한다. 담즙질은 힘든 역경에 주눅 들지 않고 그 일이 자극이 되어 극복하는 상황을 만든다. 어떤 어려움도 딛고 일어설 수 있다. 그리고 다른 사람이 실패한 부분이라 할지라도 담즙질은 포기하지 않고 끈질긴 의지로 밀어붙이기 때문에 성공할 수 있다. 친구관계는 끊고 맺는 단호한 기질로 인해 친한 관계와 친하지 않은 관계가 바로 구분이 된다.

C. 네모 점액질 (Phlegmatic)

네모도형, 점액질은 과거 지향적이며 느긋하고 행동이 느린 편이며, 과거에 대한 기억력이 남과 다르게 좋은 기질이다. 과거 지향적이라 과거에 매달리는 점이 있으나 결국에 가서는 과거를 딛고 일어설 수 가 있다. 그리고 고집이 센 편이며 그 고집은 쉽게 꺾이지 않지만, 만약에 고집을 꺾으려면 말로 되는 것이 아니라 지식체계를 갖추어서 제시해 줘야하기 때문에 책에 나온 내용을 보여 주었을 때, 그 책의 내용을 이해하고 받아들이므로 고집이 꺾이게 되는 것이다. 점액질은 유머와 재치가 있는 편이며, 가끔 상황에 전혀 맞지 않는 사오정 같은 엉뚱한 이야기로 다른 사람들을 웃기기도 한다. 그래서 일상적인 삶에서 하는 이야기 한 마디 한 마디가 다 유머가 될 수가 있다. 또 우유부단한 성격이 자신을 피로하게 만드는 점이 있다. 대체적으로 인생을 느긋하게 즐기는 편이며 인생은 행복하고 차분하고 즐거운 경험이라 생각하며 될 수 있는 한 남에게 발목 잡힐 일은 피한다.

D. 에스 우울질 (Melancholic)

우울질은 감정적으로 예민한 기질이며 창의적 사고와 상상력이 풍부한 편으로 혼자 있기를 즐기는 성격이다. 지향해 나가는 부분은 미래, 현실, 과거를 한꺼번에 다 담고 있으며 사람에 따라 다 다를 수 있다. 또 연구를 잘할 수 있는 기질이며 가치 있는 창작물을 만들어 낼 수도 있다. 다른 기질보다 천재들이 많은 편이며 예술적인 부분에서 끼를 발휘할 수 있는 기질이다. 감성적, 정신적으로 가장 풍요로운 기질이며 모든 일에 분석적, 논리적이고 때로는 자신을 희생할 줄 아는 완벽을 꾀하는 완벽주의자이다. 본인 스스로는 우울하지 않으나 남들에게 그렇게 보여 짐으로 센티멘탈(sentimental)한 측면에서 감상주의자처럼 보인다.

2. 각 도형 기질의 장·단점

A. 담즙질 세모기질의 장·단점

담즙질의 장점 중에 대표할 만한 것은 의지가 강하기 때문에 한번 마음을 먹으면 끊임없이 변함이 없는 것과 낙천적인 기질을 들 수 있다. 담즙질의 낙천성은 우선 당장 끼니를 걱정하는 처지에 있어도 남에게 절대 비굴하지 않는다. 특별히 자존심이 다른 기질에 비해 강하게 나타나는 성격이다.

1. **의지가 강하다** : be gong to , 미래에 ~을 할 것이다, 에 대한 생각들이 항상 떠나지 않으며, 어릴 적에 어떤 계획과 꿈이 생기면 오래도록 기억되어 때로는 죽을 때까지도 간직할 수가 있다.

2. **믿음이 굳다** : 남을 불신하지 않으며 잘 믿으므로 대인관계에서 손해 보는 경우가 많다.

3. **자립심이 강하다** : 다른 사람에게 기대지 않고 자기 혼자 일어서려고 하는 성향이 강하고, 그 자립심이 어릴 적부터 습관화되어 진다면 다른 사람보다 일찍 성공할 수 있다. 역경이 닥쳐오면 낙심하지 않고 목표에 대한 의지가 더욱 굳어진다.

4. **낙천적이다** : 담즙질은 항상 긍정적인 측면으로 생각하며 현실에 아무 것도 없어도 다른 사람에게 비굴하거나 굴복하지 않으며 어떤 기회가

오면 그 기회를 살려 발전의 계기로 삼는다.

5. 현실적이다 : 담즙질의 현실적인 부분은 다혈질이나 점액질의 현실적인 부분과 차이가 있으며 경영 측면에서 현실적이다. 금전을 아끼는 편이나 큰돈보다는 적은 돈을 아끼므로 대인관계에서 일어나는 적은 돈 하나라도 일일이 따진다.

6. 생산적이다 : 담즙질의 생산적인 측면은 어떤 일이든지 계획이 이뤄지면 곧바로 시작한다. 그리고 그 일이 완결이 되지 않았다고 할지라도 또 다른 일을 시작할 수 있다. 시작에 있어서는 누구도 따라오지 못할 정도로 타의 추종을 불허한다.

7. 단호하다 : 담즙질의 단호한 기질은 대인관계나 다른 일에 있어서도 칼로 무를 자르듯 끊고 맺음이 정확하다. 다혈질의 대인관계가 두리뭉실 넘어가는 반면에 비해 담즙질의 기질은 대조적인 것을 볼 수 있다. 그런 기질로 인해 친구관계의 폭이 그리 넓지는 않다. 친하고 그렇지 않음이 바로 구분이 된다.

8. 지도자형이다 : 타고난 지도자의 기질을 가지고 있다. 강한 의지로 모임을 리드하면서 사람들을 보는 안목이 뛰어난 편이며 어떤 자리에서든지 리더의 자리를 두려워하지 않고, 기꺼이 리더 역할을 맡는다. 다른 사람에게 지나치게 거만함을 나타내지 않고 이들을 강압적으로 이끌지 않는 한 담즙질의 리더로서의 역할은 훌륭하다.

9. 자신감이 충만하다 : 담즙질의 자신감은 낙천적인 기질에서 나오는 것 같다. 자신감은 모든 일에서 나타나며 너무 자신감이 넘칠 때 자만심으로 자랄 우려도 있다. 그리고 어떤 어려움이 닥쳐도 항상 해결할 수 있다는 자신감으로 가득 차 있다. 아울러 모험심과 강한 개척정신이 있어서

때로는 자신의 안정된 지위와 환경을 버리고 미지와 모험의 세계로 뛰어들곤 한다.

담즙질의 단점은 성격이 급하고 신경질적이며 감정이 메말라 눈물이 없는 것이다. 다른 사람들이 아무리 눈물로 감정적인 부분에 호소해 와도 절대 마음이 바뀌지 않는다. 담즙질의 여성인 경우는 평소에는 눈물이 없는 편이며 가장 절박한 상황이 되어야만 눈물을 흘릴 수 있다. 성격의 기복이 없는 편이며 항상 냉정한 자세를 잃지 않는다.

1. 신경질적이다 : 담즙질의 신경질적인 기질은 급한 성격과 함께 말과 행동으로 바로 나타난다. 다른 사람들이 담즙질의 자존심을 상하게 하거나 단점을 잡고 늘어지면 금방 신경질적인 기질이 밖으로 표현된다. 그러나 그것은 장시간 나타나지 않는 부분이다.

2. 잔인하다 : 담즙질의 대부분이 잔인한 기질의 성격이다. 그러나 일부 담즙질은 잔인성이 지나칠 정도로 나타나기도 하지만 그러한 기질은 보스나 주먹세계에서 주로 나타난다. 잔인한 기질도 장점으로 승화시키면 의학계통에서 수술을 주로 하는 정형외과의사로 역량을 발휘할 수 있다. 어린아이인 경우는 다른 아이는 징그러워하거나 무서워하는 곤충 같은 것들을 피하지 않고 잘 죽이거나 손으로 만지는 행동을 잘 한다.

3. 냉소적이다 : 담즙질의 냉소적인 부분은 자신감이 넘쳐 자만심으로 가득 차 있을 때 더욱 크게 나타나는 것 같다. 그러나 그 비웃음은 자신의 현실의 처지를 생각하지 않고 일방적으로 나타날 수도 있다.

4. 남을 앞지르고자 한다 : 담즙질의 남을 앞지르고자 하는 기질은 남들

과 다르게 여러 부분에서 나타난다. 담즙질은 어떤 운동시합이나 게임 등에서도 절대지지 않으려는 승부욕으로 인해 꼭 승리해야만 직성이 풀린다. 그런 것들은 나중에 쌓여서 담즙질의 이야기 거리가 된다. 많은 운동선수들이 담즙질 기질인 것을 볼 때 이런 승부욕 때문에 많은 기록 갱신을 할 수도 있다.

5. 생각이 얕다 : 담즙질의 생각이 얕다고 하는 것은 항상 누구보다 빠른 판단으로 결정을 내리기 때문에 그런 것이라 생각한다. 예를 들면 담즙질의 학생이 학교에서 책상에 앉아 다른 친구들과 공부를 하고 있었다 하자. 자기가 쓰던 물건이 조금 전까지 책상 위에 있었는데 없어졌을 때 그 순간 빠른 판단으로 평소에 자기와 감정이 있던 친구를 의심하게 된다. 그러나 시간이 얼마 지나지 않아서 자기 발밑에 떨어져 있는 것을 발견하고는 내가 너무 성급하게 생각을 했구나 하고 후회하지만, 그 기질은 쉽게 바뀌지 않는 담즙질의 기질이다. 그리고 담즙질의 이런 기질은 학생일 경우 학교에서 시험을 치를 때도 나타난다. 시험문제가 4지선다형일 때 문제를 낸 선생님이 문제 뒷부분에서 살짝 '~이 아닌 것은?'이란 문제로 바꿔 놓았을 때 문제의 앞부분만을 보고 바로 답안을 작성하는 것 때문에 알고 있는 문제도 틀리는 것을 볼 수 있다.

6. 거만하다 : 담즙질의 거만함은 앞에서 나왔던 냉소적이란 부분이 마음속에서 나타나는 내성적으로 표현되는 기질인 것에 반해, 관련이 있는 내용으로 자신감이 넘쳐 자만심으로 가득 찼을 때 행동 상으로 표현되는 기질의 외향적인 측면이다.

7. 자만심이 있다 : 담즙질의 자만심은 장점에서 나타난 자신감이 도가 지나칠 때 나타나는 부분으로서 자만심이 너무 크게 나타날 때에는 그 자

만심을 가끔 한 번씩 꺾어 주어도 담즙질은 마음속에 상처로 남지 않는다.

8. 감정이 무디다 : 담즙질은 감정의 무딘 기질 때문에 대인관계에서 다른 사람들이 아무리 감정적으로 호소를 해와도 절대 마음의 흔들림이 없이 요지부동한 자세이다. 피도 눈물도 없다는 것을 생각한다면 담즙질을 두고 한 말이란 생각이 든다.

9. 교활하다 : 담즙질의 교활함은 감히 잔꾀에 있어서는 누구도 대적할 자가 없다. 그런 기질 때문에 대인관계에서 어떤 문제가 발생하였을 경우 그 문제에 대한 해결 방법이 될 수도 있다.

B. 다혈질 동그라미 기질의 장 · 단점

다혈질의 특별히 큰 장점이라 할 수 있는 것은 다른 기질에 비해 즐거운 시간을 보내는 데 남다른 재주가 있고 놀라운 사교성을 발휘하여 등지고 있던 적도 자기편으로 만들 수 있는 것 이다.

1. 현실 지향적이다 : 신은 다혈질에게 현재를 사는 능력을 주셨다. 다혈질은 과거를 쉽게 잊기 때문에 마음 상하고 실망했던 기억이 오래가지 않는다. 현실적으로 필요한 자신의 욕구를 잘 충족시키고 남이 부탁한 문제를 해결해 주는 문제해결사 역할을 잘 감당한다.

2. 외향적이다 : 다혈질의 지향하는 특면은 내적인 세계보다는 외적인 세계를 지향해 나가며 그러므로 다른 사람으로부터 인정이나 사랑을 받기를 원하나 조금 더 내적인 측면으로 돌아서면 다른 사람들을 인정해 주고 사랑해 줄 수도 있다.

3. 동요를 잘 한다 : 다혈질이 동요를 잘 한다는 부분이 장점이 될 수 있는 것은 대인관계에서 다른 사람하고의 다툼이나 마음상한 감정이 오래가지 않기 때문에 관계를 잘 할 수 있는 점이다.

4. 따뜻하다 : 다혈질은 온화하고 따뜻하고 부드럽고 동정심이 많은 성품으로 인해 누구에게나 친절함을 잃지 않는다. 세계적인 대기업(록펠러, 카네기제단)들의 사훈이 친절인 것을 볼 때 따뜻한 성품이 얼마나 값진 것인가를 알 수 있다.

5. 풍채가 좋다(표현능력과 모방성이 뛰어남) : 다혈질의 외모는 대체로 준수한 편이며 자기 자신을 표현하거나 말로 나타낼 때 표현력이 뛰어나며 남을 따라 할 수 있는 모방성이 강한 편이다. '모방은 제2의 창조다.' 라는 측면에서 볼 때 좋은 것으로 평가될 수 있지만 어설프게 따라 하는 모방은 피해야 한다.

6. 친밀하다 : 다혈질은 유쾌하고 사교적이고 붙임성이 있는 태도로 다른 사람들과의 관계를 유지하므로 거의 대부분의 사람들이 좋아하는 성격이다. 그러므로 대인관계에서 이쪽에서 들은 이야기를 다른 쪽으로 잘 전달 할 수 있는 정보소식통의 역할을 잘 해낼 수 있다.

7. 열정적이다 : 다혈질의 열정은 누구도 감히 따라갈 수 없는 특성을 나타내고 있지만, 조금 아쉬운 점은 지속적인 열정이 아니라 순간적인 열정에 머무르는 점이다. 그러므로 어떤 일을 할 때, 그 순간에 그 일을 해치우지 않으면 성사가 되지 않는다. 그러나 그 열정은 높이 사 줄만 하다.

8. 수용능력이 있다 : 다혈질은 조금만 힘들어도 쉽게 지치고 절망하지만 다른 사람이 '할 수 있다'는 용기를 북돋아 주는 말에 다시 그 자리를 떨치고 일어 설 수 있는 부분이 있다.

다혈질의 단점도 장점과 마찬가지로 여러 가지가 있다.

1. 의지가 약하다 : 다혈질은 밝고 명랑한 성격의 힘으로 살아가지만 한 번 어떤 일을 하고자 하는 계획이나 생각이 오래 지속되지 않는 것이 가장 큰 문제이다. 그래서 자신이 하던일의 마무리가 잘 안 되는 편이다. 다혈질은 다른 기질에 비해 음욕에 약한 편이므로 성적유혹에 직면하는 경우가 있을 때 그 유혹을 뿌리칠 만한 의지가 부족하다.

2. 불안정하다 : 다혈질은 즐거운 마음으로 즐기는 편이면서도 때로는 눈물이 흔하다. 따듯한 성품 때문에 다른 사람의 좋지 않은 일을 보면 쉽게 분통을 터뜨리거나 냉정을 잃을 수 있지만, 그런 다음에도 본인은 그 일을 잊어버린다. 성격의 기복이 심하여 어떤 때는 즐거워서 웃음을 참지 못하지만 어떤 때는 슬픔을 감추지 못하고 소리 내어 울기도 한다.

3. 훈련이 잘 안 된다 : 다혈질은 여러 사람이 모이면 어수선하고 시끌벅적하고 분위기가 산만하기 때문에 훈련이 잘 안 되는 편이다. 그러므로 훈련을 위해서는 더 많은 시간을 소모해야 한다.

4. 안절부절 한다 : 어떤 일을 잘 해 나가다가도 잘못된 부분이 발견되거나 갑자기 상황이 바뀌면 그 일을 차근차근히 일의 순서대로 처리하는 것이 아니라 당황하여 안절부절 한다.

5. 신용이 없다 : 다른 사람과 약속을 하고 그 약속을 잘 지키지 않는다. 본인이 스스로 약속을 지키지 않으려는 것이 아니고 그 약속을 잊어버리기 때문에 지키지 못하는 적이 많다. 그리고 시간약속을 하고도 새까맣게 그 약속을 잊고 있다가 문득 생각이 나면 허겁지겁 약속장소로 달려간다. 그리고는 횡설수설하며 그 핑계를 이리저리 돌려댄다.

6. 자기중심적이다 : 다혈질은 모든 사람에게 매력을 주는 성격의 소유자이다. 젊을 때는 같은 나이 또래보다 성숙해 보인다. 그러므로 다른 사람보다 빨리 출세를 하여 성공하였을 경우 자신의 자부심이 커져서 다른 사람과 대화를 할 때 대화의 내용이 자기중심적인 내용으로 흐르고 만다. 그래서 남들과의 대화중에도 남의 말을 끊고 대화를 독차지하려는 등 밉게 보이기도 한다. 그리고 남들도 자기와 같이 자신의 관심사에 똑같이 관심을 가질 것이라고 생각한다.

7. 말소리가 크다 : 여러 사람이 모여 대화를 나누는 자리에서도 큰 소리가 나면 그 중에 반드시 다혈질의 기질을 가진 사람이 끼여 있는 것을 알 수 있다. 사람들이 대인관계를 할 때 큰소리 때문에 주눅이 들기도 한다.

8. 과장이 심하다 : 다혈질은 다른 기질에 비해 과장이 심한 편이다. 다른 사람들의 이야기를 잘 전하는 좋은 면이 있는 반면에 그 이야기를 크게 불려서 전하기 때문에 작은 일도 다른 사람들이 생각할 때 큰일처럼 느껴진다.

9. 겁이 많다 : 다혈질은 다른 사람들이 생각할 때 전혀 겁이 없는 것 같아 보이는 성격이지만 그렇지 않다. 그것은 다른 사람 앞에서 큰소리치는 것 때문에 자신만만해 보일지 모르지만 그 이면에는 많은 겁을 가지고 있다. 그리고 큰 소리 칠 때는 약한 자에게는 강하고 강자 앞에서는 약자가 된다.

C. 점액질 네모기질의 장·단점

점액질의 장점 중에 대표할 만한 것은 어떤 어려운 일이 닥쳐도 흔들림이 없다는 것을 들 수 있으며 한 번 어떤 일을 하면 끝까지 포기하지 않고 끝장을 보는 기질을 들 수 있겠다. 그리고 대인관계에서 약속을 잘 지킨다는 점이다.

1. 조용하다 : 점액질은 평소에는 사람이 없는 것처럼 조용하지만 일단 한번 말을 시작하면 말을 잘하고 많이 하는 편이다.

2. 태평하다 : 점액질의 태평한 기질은 아무리 힘들고 어려운 문제가 닥친다 할지라도 그 문제 앞에서 조금의 흔들림도 없으며 그러므로 남들에게는 냉정하게 보여 진다.

3. 신뢰할 만하다 : 점액질은 거짓말을 잘하지 못한다. 설령 백색거짓말을 했다가도 바로 실토를 하게 되고, 약속을 잘 지킴으로 신뢰할 만하다.

4. 효율적이다 : 점액질의 효율적인 부분은 자기 이기적인 측면에서 강하게 나타나는 편이며, 그래서 자기 것과 남의 것을 딱딱 잘 구분하는 점이 있다. 그리고 정리정돈을 제대로 잘 하는 편이다.

5. 보수적이다 : 점액질의 보수적인 기질은 위와 아래를 바로 구분하고 이런 면은 어린 아이일지라도 잘 나타나므로 자기보다 한, 두 살이 어려도 언니나 형으로서의 대우를 받기를 원한다.

6. 현실적이다 : 점액질의 현실적인 부분은 다른 사람들이 보았을 때에는 현실을 초월한 것 같이 보이나 그렇지 않다. 왜냐하면 다른 사람들과 다르게 어떤 문제가 발생하였을 때 거의 다른 사람들은 그 문제를 정확한 대책이 없이 주먹구구식으로 해결하려고 하지만 점액질 타입은 이론과 지식을 근거로 접근하기 때문에 가장 현실적이라고 할 수 있다.

7. 지도자형이다 : 점액질의 지도자 기질은 다른 기질과 다르게 가르치는 능력이 있으므로 교육계의 지도자로 가장 적합하며 또한 외교수완이

탁월하기 때문에 외교관으로서 뛰어난 기질이다.

8. 유머와 재치가 있다 : 점액질의 유머와 재치는 정작 웃기는 본인은 전혀 웃지 않으며 남들을 웃기기 때문에 보는 사람으로 하여금 능글맞게도 느껴지게 한다. 그러나 그것은 자기가 하는 이야기를 남들이 왜 우습다고 생각하는지 모르는 경우가 있다. 다 같이 모여서 TV를 볼 때, 다른 사람들은 다 같이 깔깔대고 웃지만, 점액질의 기질은 웃지 않고 조용히 있다. 그러나 며칠이 지난 후 자기 일을 하다 문득 과거에 보았던 장면을 기억하면서 웃기도 한다.

점액질의 단점은 선택의 기로에 섰을 때 쉽게 결정을 내리지 못하는 우유부단한 기질과 어떤 단체에서 문제가 발생하였을 때 다른 사람들은 허겁지겁 그 문제를 해결하려고 노력하는 반면, 점액질은 뒷짐을 지고 한번 어떻게 하나 보자는 식으로 관망하며 방관자로서의 입장을 취한다는 것이다.

1. 날카롭다 : 점액질의 날카로운 면은 다른 사람들은 쉽게 느끼지 못하는 점이다. 행동을 잘하지 않는 느긋함 때문에 전혀 날카롭지 않게 보이지만 보는 시선과 생각하는 면은 상당히 날카롭기 때문에 예리한 편이다.

2. 겁이 많다 : 점액질의 겁이 많은 점은 다혈질과 다르게 나타난다. 담즙질의 과격한 행동에 상당히 많은 겁을 먹지만 많은 시간이 지나면 평온을 되찾는다. 그래서 말로 주는 겁보다 행동으로 주는 겁을 더 무서워한다.

3. 우유부단하다 : 점액질의 우유부단함은 여러 가지 중에서 선택을 해야만 하는 기로에 섰을 때 쉽게 결정을 못 내리는 기질 때문에 자기 자신

은 물론 남들까지도 피로하게 만드는 경우가 종종 있다.

4. 관망자이다 : 점액질의 관망자적인 기질은 단체에서 어떤 사건이나 문제가 발생하였을 때 다른 기질의 여러 사람들이 모두 다 그 문제를 해결하려고 노력하는 반면 점액질의 사람은 가만히 다른 사람들이 하고 있는 모습을 바라보고만 있을 수 있다.

5. 자기 보호적이다 : 점액질의 자기보호적인 기질은 거의 본능적으로 나타난다. 자신이 조금이라도 피해를 본다던가 하는 일이 있으면 자신을 보호하려고 스스로를 변론한다든지 때로는 온갖 핑계나 이유 등을 가지고 자기변명을 하거나 자신을 합리화시키기 위해 많은 노력을 하는 것을 볼 수 있다.

6. 이기적이다 : 점액질의 이기적인 기질은 두루 여러 분야에 나타나지만 다른 사람과의 관계에서 절대 손해 보려고 하지 않는 것과 시간도 마찬가지로 짧은 시간이라 할지라도 함부로 배려하지 않는다.

7. 동요하지 않는다 : 점액질의 동요하지 않는 기질은 자기주장이 있을 때, 다수의 주장을 따른다고 하여도 겉으로는 따르는 것 같지만 속으로는 자기 자신의 주장이 변함없이 간직되고 있는 것을 볼 때 알 수 있다.

D. 우울질 S 에스기질의 장 · 단점

우울질의 장점은 다른 기질과 다르게 가장 많은 재능을 가지고 있는 것이 특별한 장점이라 할 수 있다. 많은 사람들이 좋아하는 기질로써, 어떤 일을 부탁해도 못 들어 준다는 거절 의사를 표현하는 적이 없다.

1. 다재다능하다 : 우울질의 다재다능함은 우울질의 사람에게 어떤 사

람이 어떤 일에 대해서도 할 수 있느냐고 물으면 모든 일을 다 할 수 있다고 대답을 한다. 그러나 반대로 제일 자신 있는 일이 무엇이냐고 물으면 묵묵부답 대답이 없다. 말하자면 모든 것은 다할 수 있지만 다른 사람에게 자신 있게 이야기할 만한 특별한 재능은 없다는 것이다.

2. 분석적이다 : 우울질의 분석적인 기질은 다른 사람들이 쉽게 분석할 수 없는 내용도 분석할 수 있게 한다. 그것은 우울질의 기질이 다른 기질과 다르게 여러 가지를 두루 생각하는 부분이 있기 때문이다. 예를 들면 다른 사람들이 다섯 가지 정도 생각한다면 우울질의 기질은 적어도 열 가지나 열다섯 가지 정도를 생각한다.

3. 초감각적이다 : 우울질의 초감각적인 부분은 감각기관이 많이 발달되어 있고 꿈과 연관이 있다. 꿈을 잘 꾸는 편이며 초감각적인 부분이 내성적인 측면에서 나타날 때 본인이 꾸었던 꿈이 선명히 기억하고 현실이 꿈으로 예시되어 나타날 수 있다.

4. 완벽주의자이다 : 우울질의 완벽주의적인 기질은 여러 방면에 두루 나타난다. 물건을 선택할 때에도 그 기질로 인해 흠이 하나도 없는 물건을 고르려 노력하고, 어떤 일을 할 때도 완벽하게 처리하려고 하는 기질 때문에 때에 따라서 일을 하다가 그 일이 완벽하지 않음을 발견하고는 포기를 할 때도 있다.

5. 무신론주의자이다 : 우울질의 사람은 거의 대다수가 무신론주의적인 입장을 취하기 때문에 신을 모르는 사람들이 많다. 그리고 다른 사람이 전도를 하려고 하면 자기가 알고 있는 많은 이론과 지식을 내세워 반대되는 이론을 내어 놓는다. 그러나 한번 신앙을 가지면 철저한 신앙인으로 바뀔 수 있다.

6. 이상주의자이다 : 우울질 기질은 평상시 혼자 조용히 있을 때에는 현실과 맞지 않는 상상을 많이 하는 이상주의적인 기질로서 이런 기질로 인해 미래의 삶이 풍요로워질 수 있다.

7. 충성심이 강하다 : 우울질의 충성심은 우울질의 사람이 직장생활을 한다면 상사에게 절대 복종하며 충성을 다 하는 것에서 볼 수 있다.

8. 자기희생적이다 : 우울질의 자기희생적인 부분은 남을 위해 헌신하고 희생하는 면이 있다. 그런 기질은 남이 부탁을 해 온다든지 하면 절대 거절하지 않고 그 부탁을 들어 주려고 노력하는 것에서 볼 수 있다.

우울질의 단점은 기질의 기본 바탕이 부정적인 요소가 근본을 이루고 있는 점이며 , 대인관계에서 비사교적인 성향이 강한 편이다. 만약 직업을 선택한다면 우울질 기질은 사업은 절대 피해야 될 항목임을 명심해야 한다.

1. 자기중심적이다 : 우울질의 자기중심적인 부분은 , 다혈질의 자기중심적인 부분이 외향적인 측면인 것에 반해 내향적인 측면으로 나타나는 것을 볼 수 있다. 그러므로 마음속에서 나타나는 측면이 강하다.

2. 부정적이다 : 우울질의 부정적인 기질은 말과 행동 두 가지로 나타나지만, 평소에 하는 대화에서도 부정적인 요소가 있다는 것을 알 수 있다. 그리고 항상 부정적인 생각이 저변에 깔려 있다. 이런 부정적인 시각 때문에 사업을 할 때는 조심할 필요가 있다.

3. 논리적이다 : 우울질의 논리적인 기질은 적당히 논리적일 때에는 장점이 될 수 있지만 너무나 논리적인 부분을 강조하다 보면 단점이 될 수

있다.

4. 비현실적이다 : 우울질은 현실과 맞지 않는 생각을 많이 하는 비현실적인 기질이다.

5. 비사교적이다 : 우울질의 비사교적인 기질은 대인관계에서 처음 사람을 만났을 때 금방 친해지기가 쉽지 않도록 한다. 적어도 처음 말을 하려면 두, 세 번은 만나야지 말을 시작할 수 있다. 친구관계의 폭이 넓지 않아 친한 친구는 기껏해야 2~3명에 불과하지만 그 친구관계는 깊이 있는 관계를 유지하므로 서로가 모든 것을 주고받을 수 있는 관계로 유지된다.

6. 비판적이다 : 우울질은 남을 잘 비판하는 기질이다. 상대를 볼 때 부정적인 측면으로 보는 점 때문에 비판을 잘한다.

7. 복수심이 강하다 : 우울질의 복수심은 자신이 어떤 사람에게 당했다고 생각되면 그것을 앙갚음 하고자 하는 마음이 항상 깊숙한 부분 속에 자리를 잡는 것이다. 그런 마음이 밖으로 표출되면 복수를 하게 되는 것이다.

8. 고지식하다 : 우울질의 고지식한 부분은 많은 부분을 알거나 많은 지식을 가지고 있기 때문에 남의 지식을 잘 수용을 하지 못하는 것이다. 그런 기질로 인해 자기 편협적인 사고를 가질 수 있다.

Chapter 2.
도형으로 알아보는 성격 유형

○ 다혈질 : 다정다감하고 명랑, 친절한 사람 / 대인관계, 경제(돈), 환경에 반응

△ 답즙질 : 자신감 있고, 목표가 뚜렷한 사람 / 꿈, 비전, 계획, 성공 성취, 의지

□ 점액질 : 꼼꼼하고 신중하며 믿을 만한 사람 / 가정, 직장, 학교, 모든 공동체

S 우울질 : 다재다능하며 완벽과 내면의 자유를 추구하는 사람 /
         정신적이고 감성적, 스트레스, 고민, 예술, 취미, 1:1관계 등

1. 도형별 성격 특성

A. 동그라미 다혈질 (Sanguine)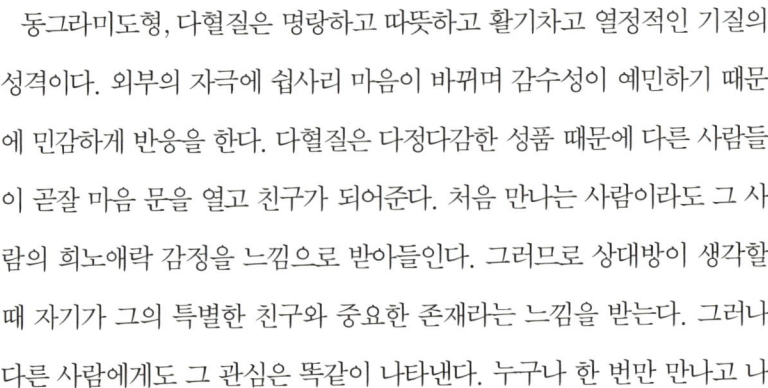

동그라미도형, 다혈질은 명랑하고 따뜻하고 활기차고 열정적인 기질의 성격이다. 외부의 자극에 쉽사리 마음이 바뀌며 감수성이 예민하기 때문에 민감하게 반응을 한다. 다혈질은 다정다감한 성품 때문에 다른 사람들이 곧잘 마음 문을 열고 친구가 되어준다. 처음 만나는 사람이라도 그 사람의 희노애락 감정을 느낌으로 받아들인다. 그러므로 상대방이 생각할 때 자기가 그의 특별한 친구와 중요한 존재라는 느낌을 받는다. 그러나 다른 사람에게도 그 관심은 똑같이 나타낸다. 누구나 한 번만 만나고 나

면 바로 친구관계를 유지할 수 있기 때문에 친구가 많은 편이다. 그러나 깊이 있는 친구관계가 아니라 폭 넓은 친구관계를 갖는다. 다혈질이 이야기 할 때에는 주위의 많은 사람들이 즐겁게 그 이야기를 듣는다. 재미있게 표현을 잘 하기 때문이다. 다혈질은 다른 기질에 비해 많은 사람들이 속해 있는 기질이다. 우리나라 사람의 경우 60~70%가 다혈질의 사람들이다. 그러므로 한국의 민족성을 대표하는 기질은 다혈질이다. 다혈질은 성격이 급하고 말이 앞서기 때문에 우리 주위에서 이런 사람들을 많이 볼 수 있다. 예를 들면, 사람들이 자동차를 운전하다가 작은 접촉사고에도 성질이 발끈하여 길거리 한복판에 차를 세워 놓고 시시비비를 가리고 있는데 이런 사람들이 대부분 다혈질의 사람들이다. 그러나 돌아서면 또 상대에 대한 감정이 깨끗이 정리되기도 한다. 그래서 앞으로도 다혈질에 대한 연구가 더욱 더 많이 이루어져야 할 것이다.

1) 다혈질 대표적 인물

베드로, 짐 케리, 모차르트, 고갱, 버락 오바마, 도날드 트럼프, 오프라 윈프리, 두테르테(필리핀 대통령), 노홍철, 김구라, 박명수, 배우 김남길(열혈사제 중), 아들러, 에릭 번

2) 다혈질 성격과 장점

- 재미있게 살자.
- 인생의 가치를 사람에 둔다.
- 주요관심은 Who? 누구?
- 이야기를 잘하고 유머감각이 뛰어나다.

- 현실 지향적이고, 속에 오래 담아두지 않는다.

- 문제 해결능력이 있고, 다른 사람을 잘 도와준다.

- 여행을 좋아하고 많은 사람들과 사귀기를 좋아한다.

- 외향적이고 열정적이다.

- 감정 회복탄력성이 좋다.

- 사람행세는 곧 돈이라고 여기며, 돈을 벌려고 바깥활동을 한다.

- 기분파로 돈이 없어도 돈을 잘 쓴다.

- 따뜻하고 친절하다.

- Look at me. 라고 외친다.

3) 다혈질 성격의 단점

- 감정의 기복이 심하고, 의지가 약하다(작심삼일, 조울증 등)

- 미안해란 말로 순간을 무마하며 약속을 잘 잊어버린다.

- 바람둥이 기질이 있다.

- 전문성이 부족하고, 보고가 부정확하다.

- 귀가 얇다.

- 신용을 잃기 쉽다.

- 자기중심적이다.

- 과장이 심하고, 말이 많다.

- 겉으로는 겁이 없는 듯하나 속으로는 겁이 많다.

- 즉흥적이고 화를 잘 낸다.

- 침착하지 못하고 정에 약하다.

- 잘못을 하고 뉘우친 후에도 거듭 반복되는 잘못 때문에 자기도 모르

는 사이에 습관화된 잘못이 되풀이 된다.

- 한 가지 일을 끝까지 하지 못하고, 여러 가지 일을 바꿔가면서 하기 때문에 시간과 세월을 낭비하곤 한다.

- 의지와 자제력을 키우지 않으면 매사가 지지부진하게 되고 만다.

4) 다혈질 성격의 보완점 General Advice

- 다혈질에게 절실히 필요한 것은 자제력이기 때문에 절제하는 습관이 필요하다.

- 다혈질은 너무 많은 부분에 관심을 가지므로 관심의 폭을 줄일 필요가 있다.

- 다혈질의 단순한 적성은 예능분야나 언어계열이다.

- 다혈질은 타고난 말 수완이 있어 영업도 잘 하며, 재능 있는 연예인이나 탈렌트, 설교자, 상담가, 변호사, 사회자, 경매인 때로는 리더로서 일을 진행시키는 능력이 탁월하다.

- 머리는 좋은 편이며 발표력이 좋기 때문에 남에게 인정을 받는다.

- 사업보다는 직장생활이 좋다

- 압력을 받으면 말을 더 많이 하게 된다. 말을 50% 줄여라.

- 건강으로는 심장과 심혈관성 질환을 주의하라.

5) 동그라미, 다혈질 칭찬 법

- 인간성을 중심으로 즐겁게 칭찬한다.

- 당신은 사랑이 많습니다.

- 당신은 포용력과 이해심이 많습니다.

- 당신은 적응력이 뛰어납니다.

- 당신은 다정하고 친절합니다.

- 당신 인간성 짱 좋습니다.

- 당신과 함께 있으면 유쾌하고, 즐겁습니다.

- 오, 그 말 최고입니다. 등

6) 다혈질의 스트레스에 대한 반응

- 그 자리를 피함

- 쇼핑을 함

- 재미있는 사람들을 찾아감

- 핑계를 댐

- 다른 사람을 탓함

7) 다혈질의 스트레스 해소법

- 수다를 떤다.

- 충분히 대화한다.

- 다혈질은 회복시간이 짧다.

- 대화하는 시간을 통해 회복된다.

- 장점으로 합리화하거나 승화한다.

- 기분전환용 이벤트를 한다.

8) 다혈질의 특징 정리 - 대중적 다혈질 사교형

- 욕구 : 재미를 누리는 것.

- 정서적 필요 : 인정, 애정, 용납, 사람들과 함께 활동하는 것.

- 주요장점 : 언제 어디서나 무엇에 대해서도 말할 수 있는 능력, 명랑, 낙천주의, 유머, 이야기를 전하는 능력, 사람을 좋아함.

- 주요약점 : 조직적이지 못함, 세부적인 것이나 이름을 기억하지 못함, 과장함, 진지하지 못함, 다른 사람들이 일을 해주기를 바람, 잘 속고 순진함.

- 낙담할 때 : 삶이 재미없고, 아무도 사랑해주지 않는 것처럼 보일 때.

- 두려워하는 것 : 인기 없고 지루한 사람으로 느껴지는 것, 정확한 스케줄에 따라 사는 것, 회계 장부를 기록하는 것.

- 좋아하는 사람 : 말을 들어 주고 웃어주는 사람, 칭찬하고 인정해 주는 사람.

- 싫어하는 사람 : 비판하는 사람, 그들의 유머에 냉담한 사람, 그들을 매력적이라고 생각하지 않는 사람.

- 일하는 데 있어서 장점 : 다채로운 색깔을 사용하고 독창성이 돋보이게 함, 낙천적으로 바라봄, 다른 사람의 기분을 살려 줌, 분위기를 즐겁게 함.

- 발전시켜야 할 것 : 조직적으로 행하는 것, 말을 아끼는 것, 시간준수.

- 지도자로서의 특징 : 흥미를 일으킴, 설득함, 동기를 부여함, 즐겁게 함, 잘 잊어버리고 계획을 끝까지 실행하는 데 약함.

B. 세모 담즙질 (Choleric) ▲

세모도형, 담즙질은 말보다 행동이 빠르며 활동적이고 실용적인 기질의 성격이다. 미래지향적이며 자신의 신념을 높이 평가하는 사람이다. 한 번 일을 시작하면 무슨 일이 있어도 줄기차게 목표를 향해 중단 없는 전진을 계속 하는 편이며, 자기가 가치 있는 일에 종사하고 있다고 생각할 때 가장 큰 행복감을 느낀다. 직관에 의한 판단이 빠르다. 자기가 좋아하는 옷은 새 옷이나 오래된 옷을 가리지 않고 오래 입는다. 끝없는 발상과 계획과 야심으로 다른 사람들을 자극하기도 한다. 여러 가지 의견이나 어떤 쟁점에 대해서도 자기주장이 분명하며 불의한 일을 보면 참지 못하고 부당한 일에 맞서서 싸우기도 한다. 담즙질은 힘든 역경에 주눅 들지 않고 그 일이 자극이 되어 극복하는 상황을 만든다. 어떤 어려움도 딛고 일어설 수 있다. 그리고 다른 사람이 실패한 부분이라 할지라도 담즙질은 포기하지 않고 끈질긴 의지로 밀어붙이기 때문에 성공할 수 있다. 친구관계는 끊고 맺는 단호한 기질로 인해 친한 관계와 친하지 않은 관계가 바로 구분이 된다.

1) 담즙질 대표적 인물

사도바울, 나폴레옹, 히딩크, 로댕, 트럼프, 박정희, 전두환, 유재석, 김연아, 박태환, 칼 융, 프릿츠 펠스, 마가렛 대처

2) 담즙질 성격과 장점

- 내 식대로 살자.
- 불가능은 없다.

- 일, 목표, 꿈이 정확하며 일이 없으면 외로움을 느낌.

- 주요관심은 What ? 무엇?

- 의지가 강함(be going to) 미래에~할 것이다.

　　→ 성취, 당당, 미래지향적.

- 한번 마음먹으면 무너지는 예가 없다.

- 자립심이 강함(아무것도 없는 무에서도 유를 창조함).

- 가진 것 없어도 비굴하지 않음.

　　→ 자존심이 강함, 마음이 맞는 옷은 단벌신사도 가능.

- 지능이 우수하고 수리력이 뛰어나 경영분야 두각(CEO).

- 생산적임(일의 시작과 맺음을 잘함).

- 지도자형(어린이인 경우 직함을 주면 그 일에 최선을 다함).

- 계획을 잘 세우며 너무 많은 계획을 세우 것이 흠이다.

- 의지가 강하다. / 믿음이 굳다.

- 새로운 일을 아주 잘 하고 마음의 동요가 없다.

- 행동이 앞선다.

- 자립심이 강하고 지도력이 탁월.

- 현실적이고 계산적이다.

- 생산적인 생각을 잘 한다.

- 단호한 결정을 잘 내린다.

- 늘 자신감이 넘쳐있는 형이다.

- 일에 대한 집착력(한번 하면 한다).

- 직관력이 뛰어나고 미래지향적이다.

- Follow me. 라고 외친다.

3) 담즙질 성격의 단점

- 화를 잘 낸다.

- 잔인할 때가 많다.

- 냉소적이다.

- 거만하고 고집이 세다.

- 충고를 받아들이지 않는 스타일이다.

- 생각이 짧을 수 있다.

- 지배적이고, 자기중심적이다.

- 계산적이다.

- 일벌레경향이 있다.

- 주장이 논쟁적이고 노골적으로 면박을 준다.

- 애정 표현이 없다.

4) 담즙질 성격의 보완점 General Advice

- 담즙질은 긍정적이며 적극적인 기질의 소유자로 성격이 급한 편이라 빠른 결정과 결과를 요구하지만 장기적인 측면으로 볼 때 바꿔야 할 필요가 있다.

- 한번 어떤 일을 결정하면 그것을 변함없이 간직하며 진취적이고 창의적인 생각으로 그 일을 기필코 이루려는 경향이 있으나 가끔은 수정 보완이 필요하다.

- 담즙질은 빠른 식습관을 바꿔야 할 필요가 있다.

- 항상 성공을 향해 줄기차게 달려가는 기질이다.

- 좀처럼 만족하지 못하는 기질과 다른 사람들을 학대하는 것은 지도자

로서 가장 큰 약점이다.

- 중간 지도자로서 직책을 맡으면 꼭 책임을 완수한다.

- 단순한 적성은 이공계나 경영계이며 지능은 머리가 회전이 잘되고 상당히 좋은 편이다.

- 담즙질은 타고난 지도력과 영업력, 홍보능력으로 영업직과 이공계 교사, 정치와 군대, 스포츠인으로 두각을 나타낼 수 있다.

- 건강으로는 간 기능과 분노조절에 조심하라.

5) 세모, 담즙질 칭찬법

- 당신은 타고난 지도자, 타고난 리더입니다.

- 당신은 꿈이 많습니다.

- 당신은 머리가 좋습니다.

- 당신은 능력이 많습니다.

- 당신은 리더쉽이 탁월하며 카리스마가 있습니다.

- 당신은 무엇이든지 성공하고 성취할 수 있습니다.

6) 담즙질의 스트레스에 대한 반응

- 더욱 조종하려고 함.

- 더욱 열심히 일하려고 함.

- 더욱 열심히 운동함.

- 반대자를 몰아냄.

7) 담즙질의 스트레스 해소법

- 개인적으로 목적달성이 안되면 감정이 폭발되기 쉬움.

- 화를 직접 표현하는 경향이 있음.

- 격한 운동 등, 육체적 활동으로 스트레스를 풀어라.

8) 담즙질의 특징 정리 - 역동적 담즙질 주도형

- 욕구 : 조종하는 것.

- 정서적 필요 : 업적에 대한 인정, 지도력 발휘의 기회, 가족의 의사 결정에 참여, 마음대로 조종하는 것.

- 주요장점 : 무엇이든지 즉시 책임을 질 수 있는 능력, 빠르고 정확한 판단력.

- 주요약점 : 지나치게 군림하려고 함, 독재적, 민감하지 못함, 조급함, 다른 사람에게 맡기거나 인정하려고 하지 않음.

- 낙담할 때 : 삶이 자기 뜻대로 안되고, 사람들이 말을 듣지 않을 때.

- 두려워하는 것 : 자기 마음대로 조종하지 못하는 것.

- 좋아하는 사람 : 그들을 지지해 주고 따르는 사람, 그들과 뜻이 맞는 사람, 즉시 협조하는 사람, 그들을 신임해 주는 사람.

- 싫어하는 사람 : 게으르고 쉼 없이 일하는 데 흥미가 없는 사람, 그들의 권위에 도전하는 사람, 독립적인 사람, 충복처럼 따르지 않는 사람.

- 일하는 데 있어서 장점 : 짧은 시간에 많은 것을 성취할 수 있음, 대부분 그들의 말이 옳음.

- 발전시켜야 할 것 : 다른 사람에게 결정권을 주는 것, 권위를 이양하는 것, 인내심, 모든 사람이 자신처럼 많은 것을 성취하기를 기대하지 않는 것.

- 지도자로서의 특징 : 책임감, 무엇이 통할 것인지 직감적으로 앎, 자신의 능력에 대한 믿음, 적극적이고 진취적이지 못한 사람들을 압도할 수 있음.

C. 네모 점액질 (Phlegmatic)

네모도형, 점액질은 과거 지향적이며 느긋하고 행동이 느린 편이며, 과거에 대한 기억력이 남과 다르게 좋은 기질이다. 과거 지향적이라 과거에 매달리는 점이 있으나 결국에 가서는 과거를 딛고 일어설 수 가 있다. 그리고 고집이 센 편이며 그 고집은 쉽게 꺾이지 않지만, 만약에 고집을 꺾으려면 말로 되는 것이 아니라 지식체계를 갖추어서 제시해 줘야 하기 때문에 책에 나온 내용을 보여 주었을 때, 그 책의 내용을 이해하고 받아들이므로 고집이 꺾이게 되는 것이다. 점액질은 유머와 재치가 있는 편이며, 가끔 상황에 전혀 맞지 않는 사오정 같은 엉뚱한 이야기로 다른 사람들을 웃기기도 한다. 그래서 일상적인 삶에서 하는 이야기 한 마디 한 마디가 다 유머가 될 수가 있다. 또 우유부단한 성격이 자신을 피로하게 만드는 점이 있다. 대체적으로 인생을 느긋하게 즐기는 편이며 인생은 행복하고 차분하고 즐거운 경험이라 생각하며 될 수 있는 한 남에게 발목 잡힐 일은 피한다.

1) 점액질 대표적 인물

아브라함, 간디, 링컨, 지미카터, 마더 테레사, 파바로티, 슈바이처, 이순신, 김대중, 김혜자, 최불암, 안성기, 프로이드, 칼 로저스,

2) 점액질 성격과 장점

- 동작이 느긋함
- 안전하게 살자.
- 평화, 안전, 안정(가정주의자)
- 주요관심은 Why? 왜?
- 조용함(일단 말을 하면 막지 못함)
    → 자기 맘에 평화가 중요하므로 남에 일엔 무관심함.
- 태평함(어려움을 당하면 당할수록 침착함)
- 신뢰 할 만함(약속 잘 지킴)
- 효율적임(자기 것 주장, 정리정돈 잘함)
    → 끊임없이 과거를 떠올리며 배운다.
- 보수적임(예의 잘 갖춤)
    → 존중과 이해, 과도한 욕심을 안 냄, 윤리, 도덕, 양심에 어긋나는 일을 못함
- 현실적(현실을 초월한 것 같으나 가장 현실적임)
- 지도자형(외교관, 교수·교육계), 준비된 지도자형
- 유머와 재치가 많음 → 가정적, 자기는 웃지 않고 웃기는 이야기를 함
- 대체로 조용한 성품이다.
- 서두르지 않는다.
- 신뢰성이 있다.
- 일을 조리 있게 잘 한다.
- 안정적이고 현실적인 직관력이 있다.
- 지도능력이 탁월하며, 침착하다.

- 책임감과 시간을 잘 지킨다.

- 실제적이며 능력 있는 사람이다.

- 일의 상황을 잘 분석하고 효율적이다.

- 평화를 원하고 보수적이다.

- 지도자형, 유머와 재치가 있다.

- After you. 라고 외친다.

3) 점액질 성격의 단점

- 지적을 잘 한다.

- 사람을 잘 믿지 않는다.

- 우유부단하다.

- 냉정하다.

- 보수적 성향이 있다.

- 추진력 떨어진다.

- 고집이 세다.

- 소심하다.

- 게으르고 미룬다.

- 자기 방어적이다.

- 의심이 많다.

4) 점액질 성격의 보완점 General Advice

- 행동이 차분하고 태평한 점액질은 고집이 센 편이라 잘 변하지 않는 기질이다.

- 기억력이 좋아서 남의 흉내를 잘 내므로 남을 잘 웃기곤 하지만, 남을 조롱하고 놀리는 것을 즐거움으로 아는 것은 대인관계에서 삼가야 해야 할 내용이다.

- 늦게 성숙하는 타입으로 어릴 때부터 많은 독서를 통해 지식을 얻으면 나이가 들수록 그 지식을 잘 활용할 수 있다.

- 어떤 일에 몰두하면 상당히 깊이 빠져든다. 특히 책을 좋아하게 되면 많은 양의 독서를 할 수 있다.

- 점액질은 지식에 대한 욕구가 강하다.

- 단순한 적성은 인문계이며 선생님이나 교수이다.

- 마무리는 잘 하는 편이며, 지식적인 면에 가장 높은 가치를 둔다.

- 점액질은 도서관 사서, 교직원 교사, 교수, 외교관, 공무원, 통계학자 또는 지식을 연구하고 전달하는 학자로서의 일이 적합하다.

- 건강으로는 호흡기 질환에 주의하고 감기나 비염 등을 조심하라.

5) 네모, 점액질 칭찬법

- 당신은 진실하십니다.

- 당신은 어른을 잘 모실 것입니다.

- 당신은 실천능력을 갖고 있습니다.

- 당신은 마무리 능력을 갖고 있습니다.

- 당신은 지적 가치가 있습니다.

- 당신은 법과 질서를 잘 지키고 윤리, 도덕적인 사람입니다.

- 당신은 든든하고 신뢰할 만합니다.

6) 점액질의 스트레스에 대한 반응

- 그 일을 피함

- TV를 봄, 먹음

- 생활에 무관심함

- 동굴로 들어감

7) 점액질의 스트레스 해소법

- 스트레스를 속으로 삭이는 경향이 있음.

- 갈등을 싫어함, 업무 등에 신경을 쓰지 않을 필요가 있음.

- 잠을 자면서 스트레스를 푼다.

8) 점액질의 특징 정리 - 평온한 점액질 안정형

- 욕구 : 다툼을 피하고 평화롭게 사는 것.

- 정서적 필요 : 평화와 휴식, 주의, 칭찬, 자존감, 사랑으로 하는 동기부여.

- 주요장점 : 균형감, 평온함, 정색하고 하는 유머감각, 다른 사람을 기쁘게 함.

- 주요약점 : 결단력과 열정 그리고 에너지의 부족, 숨겨진 옹고집.

- 낙담할 때 : 다툼이 많은 때, 개인적으로 얼굴을 대하고 결판을 내야 할 때, 아무도 도와주는 사람이 없을 때, 자신이 책임을 져야 할 때.

- 두려워하는 것 : 중대한 개인적 문제를 처리하는 것, 혼자 책임지는 것, 주요 변화를 이루는 것.

- 좋아하는 사람 : 그들을 대신해서 결정을 내려주는 사람, 그들의 장점을 인정해 주는 사람, 그들을 무시하지 않는 사람, 그들을 존중하는 사람.

- 싫어하는 사람 : 너무 강요하는 사람, 목소리가 너무 큰 사람, 너무 많은 것을 요구하는 사람.

- 일하는 데 있어서 장점 : 불화하는 사람들을 중재함, 문제를 객관적으로 풀어나감.

- 발전시켜야 할 것 : 목표를 설정하고 스스로 동기를 부여하는 것, 기대보다 더 많이 일하고 더 빨리 움직이는 것, 다른 사람의 문제뿐만 아니라 자신의 문제도 직시하고 해결하는 것.

- 지도자로서의 특징 : 침착하고 차분하고 태연함, 충동적으로 결정을 내리지 않음, 기막힌 착상을 제시하지 못함.

D. 에스 우울질 (Melancholic) S

우울질은 감정적으로 예민한 기질이며 창의적 사고와 상상력이 풍부한 편으로 혼자 있기를 즐기는 성격이다. 지향해 나가는 부분은 미래, 현실, 과거를 한꺼번에 다 담고 있으며 사람에 따라 다 다를 수 있다. 또 연구를 잘 할 수 있는 기질이며 가치 있는 창작물을 만들어 낼 수도 있다. 다른 기질보다 천재들이 많은 편이며 예술적인 부분에서 끼를 발휘할 수 있는 기질이다. 감성적, 정신적으로 가장 풍요로운 기질이며 모든 일에 분석적, 논리적이고 때로는 자신을 희생할 줄 아는 완벽을 꾀하는 완벽주의자이다. 본인 스스로는 우울하지 않으나 남들에게 그렇게 보여 짐으로 센티한 측면에서 감상주의자처럼 보인다.

1) 우울질(우월질)의 대표적 인물

모세, 고흐, 까미유 끌로델, 마이클 잭슨, 세익스피어, 스티브 잡스, 빌 게이츠, 아인슈타인, 신사임당, 박근혜, 김자옥, 이보영, 박한별, 이승기, 백지연, 손석희, 조수미, 마담퀴리, 멜라니 클라인, (에릭 번, 오프라 윈프리), 애니 설리반, 헬렌 켈러

2) 우울질의 성격과 장점

- 옳은 방식으로 살자.
- 돌다리도 두드려 보고 건너자.
- 완벽, 질서, 정리를 중시
- 주요관심사 HOW? 어떻게?
- 다재다능함(능력 많음), 미인, 미남, 매력이 있음
    → 까칠한 점도 있음, 예술가형, 끊임없이 배운다.
- 분석적(다른 사람이 분석 할 수 없는 것도 할 수 있음, 천재성)
- 매우 논리적임(도표와 그래프를 좋아함)
- 완벽주의자(짝퉁을 절대 용납 못하는 명품주의 성향)
    → 심하면 편집증으로 갈 수도 있다.
- 초감각적임(꿈을 잘 꾸고, 예민함)
    → 21C를 살지만 22C를 꿈꾸는 사람도 있고, 4차원이라 불리기도 함.
- 무신론자 (60% 정도, 일단 신앙을 가지면 철저히 믿음)
- 이상주의자 (시공 초월 복잡한 인간상)
- 충성심이 강함 (자기 직장상사나 윗 선배)
- 군주를 만났을 때는 자기희생적이기도 함(자기 비하가 심함)
- 다재다능하다.
- 논리적이다.
- 상대방을 감동시키는 능력이 있다.

- 한 번 믿으면 영원히 믿는다.

- 순수하고 이상주의적이다.

- 아이디어가 많다.

- 충정심이 강하다.

- 한 번 집중하면 천재성을 발휘한다.

- 예술과 분석력이 뛰어나고 계획적이다.

- 초감각적, 완벽주의자, 무신론주의자

- 자기희생적이며, 조직적이고 질서가 있다.

- Look up me! Don't look down at me.라고 외친다.

3) 우울질 성격의 단점

- 지나치게 자기중심적이며, 이기적이다.

- 비현실적이다.

- 부정적 논리력이 발달되어 있다.

- 마음의 한기가 깊이 내리는 스타일이다.

- 비사교적이다.

- 접하는 문제는 뭐든지 큰 문제로 보인다.

- 복수심에 불타고, 자기 자신을 괴롭힌다.

- 완벽주의자

- 우울하다, 비판적이다.

- 까다롭고, 복잡하다.

- 의심이 많다.

- 쉽게 상처받고 예민하다

4) 우울질 성격의 보완점 General Advice

- 우울질은 재능이 가장 많으며, 특히 자신을 발견하였을 때 더욱 많은 잠재력을 밖으로 나타낼 수 있다.
- 뒤늦게 철드는 대기만성 형이다.
- 집중력이 부족한 점과 쌓이는 스트레스를 발산시킬 수 있는 방법을 찾아야 한다.
- 하는 일에 대해서 여러 가지를 할 것이 아니라, 한 가지 일에만 신경을 써야한다.
- 여러 가지를 생각하기 때문에 순간적으로 반짝이는 아이디어가 떠오르나, 기록을 하지 않으면 금방 잊어버린다.
- 마음속에 부정적인 생각이 많이 있다.
- 단순한 적성은 어느 것이나 가능하나 신학계열이나 연구계열, 언론, 예술계열이 적합하다.
- 세계의 위대한 미술가, 작곡가, 음악가, 발명가, 철학자, 신학자, 과학자, 헌신적인 교육자 등이 이 우울질 기질에 속한다.
- 건강으로는 소화기 계통에 주의하고 몸을 차게 말고, 따듯하게 하라.

5) 에스 S, 우울질 칭찬법

- 당신은 분석적이고 희생적입니다.
- 당신은 다재다능하고 맡은 일을 완벽하게 합니다.
- 당신은 타고난 천재성이 있습니다.
- 당신은 과거, 현재, 미래를 모두 생각하고 있습니다.
- 당신은 거장이 될 수 있습니다.

6) 우울질의 스트레스에 대한 반응

- 그 일을 피하고 물러 남

- 책에 빠짐, 우울해짐, 포기함

- 문제를 다시 곱씹고, 돌이켜 봄

7) 우울질의 스트레스 해소법

- 스트레스의 원인을 밝히려는 경향이 있음.

- 혼돈을 싫어함.

- 스트레스를 받으면 혼자 조용히 있고 싶어 한다.

- 음악 감상, 독서, 산책 등 혼자만의 시간을 가지고 재충전을 함.

8) 우울질의 특징 정리 - 완벽주의 우울질 신중형

- 욕구 : 완벽하게 하는 것.

- 정서적 필요 : 안정감, 자신의 공간, 조용함, 민감함, 지지하고 붙들어 줌.

- 주요장점 : 조직하고 장기적인 목표를 세움, 높은 표준과 이상을 가짐, 깊이 분석함.

- 주요약점 : 쉽게 우울해짐, 준비하는데 너무 많은 시간을 보냄, 세세한 일에 너무 신경을 씀, 부정적인 일을 기억함, 다른 사람들을 의심함.

- 낙담할 때 : 생활에 질서가 없을 때, 표준을 달성하지 못할 때, 아무도 상관하지 않는 것처럼 보일 때.

- 두려워하는 것 : 실수, 표준을 타협하는 것, 그들이 느끼는 것을 아무도 동감해 주지 않는 것.

- 좋아하는 사람 : 진지한 사람, 지적인 사람, 사려 깊은 사람, 의미 있는

대화를 나눌 수 있는 사람.

- 싫어하는 사람 : 무게가 없는 사람, 잘 잊어버리는 사람, 시간에 늦는 사람, 조직적이지 못한 사람, 피상적인 사람, 속이는 사람, 예측할 수 없는 사람.

- 일하는 데 있어서 장점 : 세세한 것 까지 챙김, 분석적인 일을 좋아함, 일을 끝까지 실행함, 표준이 높음, 상처받은 사람에 대한 동정심.

- 발전시켜야 할 것 : 지나친 완벽주의를 버리는 것, 다른 사람들에게 완벽을 주장 하지 않는 것.

- 지도자로서의 특징 : 조직적임, 다른 사람의 감정에 민감함, 창의성이 있음, 높은 수준의 일을 요구함.

도형심리상담사 1급 자격과정 안내
- 도형검사의 실제
- 도형상담 임상사례분석 및 심화과정
- 도형심리 기질분석 심화교육
- 기질별 성격 분석 심화교육
- 1차 기질의 장단점과 분열 및 통합방향
- 도형의 위치별 장점과 단점 읽는 법 심화교육
- 도형의 6가지 모델 심화교육
- 특이도형 심층 해석
- 도형의 12가지 해석 심화교육
- 도형의 3가지 결합 심화교육
- 도형심리와 사상체질 심화교육
- 도형검사 임상실기 과제분석 50장
- 32시간 교육 후 자격검증 시험

다른 사람이 우리를 화나게 하는 이유를 살펴보면 우리 자신을 이해할 수 있다.

- 카를 구스타프 융

제3부

도형심리검사 및 도형기질별 해석기법

※ 제 3부 도형기질별 해석기법은 그림과 지면관계로 가로편집이 되었습니다.

사람의 성격과 기질은 다르다.

사람이 서로 다르다는 것을 알면 소통이 쉬워지고,

어떻게 다른지를 알면 관계가 즐거워진다.

- 똘레랑스

도형심리유형검사

보기 ○ △ □ S

1. 〈보기〉의 4가지 도형 중에서 **가장 마음에 드는 도형 1개를 골라** 크기나 위치에 관계없이 자유롭게 **세 번** 그립니다. 그린 후 숫자로 순서를 적으세요.

2. 세 번 그린 도형을 제외한 **나머지 도형 3개를** 크기나 위치에 관계없이 각각 **한 번씩** 자유롭게 그립니다. 그린 후 숫자로 순서를 적으세요.

성 명	
나이/성별	세 (남 , 여)
결 혼	미혼 , 기혼
종 교	
그린 손	왼손 , 오른손
직 업	
혈액형	
연락처	
검사 일자	20 년 월 일

도형심리상담연구소

도형기질 단어 테스트

※ 다음 문항 중에서 자신(배우자)을 나타내고 있는 표현에 체크 ✓ 해 주세요.   이름 : _____

	대중적 다혈질	역동적 담즙질	완벽주의 우울질	평온한 점액질
1	생동감 있는	모험적인	분석적인	융통성 있는
2	쾌활한	설득력 있는	끈기 있는	평온한
3	사교적인	의지가 강한	희생적인	순응하는
4	매력 있는	경쟁심이 있는	이해심 많은	감정을 억제하는
5	참신한	능력이 비상한	존중하는	삼가는
6	신나는	독자적인	민감한	수용하는
7	장려하는	긍정적인	계획하는	참을성 있는
8	충동적인	확신하는	계획을 따르는	과묵한
9	낙천적인	솔직한	질서 있는	포용력 있는
10	재담이 있는	주관이 뚜렷한	신실한	응답하는
11	즐거운	겁 없는	섬세한	외교적인
12	명랑한	자신감 있는	문화적인	안정된
13	고무하는	독립적인	이상적인	거슬리지 않는
14	표현하는	단호한	몰두하는	정색하고 농담하는
15	쉽게 어울리는	행동가	음악을 좋아하는	중재하는
16	말하기 좋아하는	성취하는	사려 깊은	관대한
17	열정적인	책임을 지는	충성스러운	듣는 자
18	무대형의	지도력이 있는	조직적인	만족한
19	인기있는	생산적인	완벽을 추구하는	편안한
20	활기있는	담대한	예의바른	중도적인
21	허세부리는	권세를 부리는	숫기 없는	무표정한
22	규율이 없는	동정심이 없는	용서하지 않는	열정이 없는
23	중언부언하는	거스리는	분을 품는	상관하지 않는
24	건망증이 있는	노골적인	까다로운	두려워하는
25	중간에 끼어드는	성급한	자신감이 없는	결단력이 없는
26	예측할 수 없는	애정표현이 없는	인기 없는	관계하지 않는
27	되는 대로 하는	완고한	불만스러운	망설이는
28	방임하는	교만한	염세적인	단조로운
29	쉽게 분노하는	논쟁이 좋아하는	자신을 격리하는	목표가 없는
30	피상적인	자만하는	부정적인	안일한
31	친찬을 바라보는	일벌레	뒤로 물러서는	염려하는
32	말이 많은	무례한	과민한	소심한
33	무질서한	지배하는	낙담한	확신이 없는
34	일관성이 없는	관대하지 못한	내성적인	무관심한
35	어지르는	조종하는	우울한	중얼거리는
36	과시하는	고집 센	회의적인	느린
37	시끄러운	주장하는	외로운	게으른
38	산만한	성미가 급한	의심이 많은	나태한
39	침착하지 못한	경솔한	양심이 깊은	마지못해 하는
40	변덕스러운	약삭 빠른	비판적인	타협하는
계	나는 사교적이다.	나는 주도적이다.	나는 신중하다.	나는 안정적이다.

도형기질별 해석기법

※ 제 3부 도형기질별 해석기법은 그림과 지면관계로 가로편집이 되었습니다.

도형심리의 개념 및 기질이해

도형의 정의(칼 라이너)

점액

담즙

S
우울

도형의 위치 별 해석 기법

- 프로이드의 의식구조
- 미술치료적 해석공식
- 냉동, 냉장, 신선고 원리
- 조해리의 창(마음의 4분면)
- 대상관계이론 적용

기질론의 역사

① 엠페도클레스(BC 490-430)의 4원소설 : 흙, 물, 불, 공기
② 히포크라테스(BC 460-377)의 4체액설 : 혈액, 황담즙, 점액, 흑담즙
③ 갈레노스(AD129-199)의 4기질설 : 다혈질, 담즙질, 점액질, 우울질
④ 칸트(AD1724-1804)의 범주적 4기질론 : 각 기질을 독립된 범주로 분류함
⑤ 분트(W.Wundt.1832-1920)의 차원적 4기질론 : 속도차원, 강도차원으로 분류함

기질론의 정의

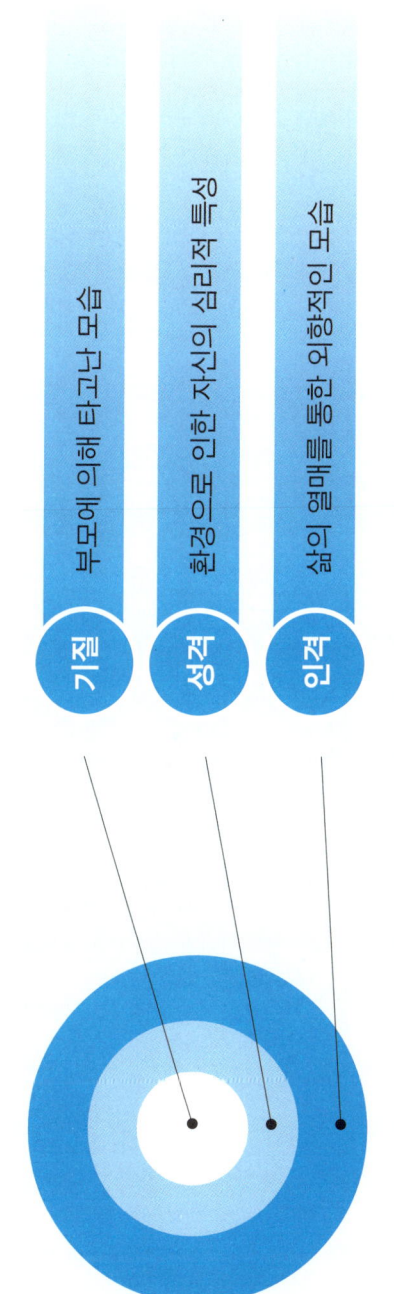

- **기질**: 부모에 의해 타고난 모습
- **성격**: 환경으로 인한 자신의 심리적 특성
- **인격**: 삶의 열매를 통한 외향적인 모습

기질 : 모든 행동에 무의식적으로 영향을 미치는 타고난 유전적 특성. (사교적, 외향적, 수줍음, 내성적 등)

성격 : 타고난 기질 + 환경(유아 시절의 부모의 양육, 교육, 생활환경, 직장, 가정, 삶의 전환기) = 기질, 훈련, 가치관, 신념, 습관

인격 : 성격이 타인과 접촉할 때 나타나 보이는 부분.

정신분석적 의식구조
- 프로이드

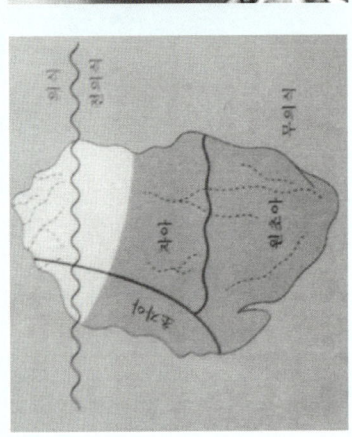

정신분석 의식구조	의식	의식은 개인이 각성하고 있는 순간의 기억, 감정, 공상, 경험, 연상 등을 아는 것을 말한다. 즉 현재 자각하고 있는 생각이다.(10~25%)
	전의식	전의식은 특정한 순간에는 인식하지 못하나 조금만 주의를 기울이면 기억되는 것을 말한다.
	무의식	무의식은 인간 정신의 심층에 잠재된 부분이며 전혀 의식 되지 않음. 무의식은 직접 눈으로 볼 수 없지만 여러 증거 (꿈, 말이 실수, 망각, 자유연상 등) 에 의해 추론 될 수 있다.(90~75%) 빙산에 비유 : 물 위에 떠 있는 작은 부분이 의식, 파도에 물 표면으로 나타나기도 하고, 잠기기도 하는 부분이 전의식. 물속에 잠겨있는 더 큰 부분이 무의식.

미술치료적 해석

외향적 남성적 미래경서

자신감, 열망, 포부수준이 높음, 낙천주의적 경향

적정한 수준의 안정감

불안정감, 위화감, 부적합한 감정, 패배감, 우울감

내향적 여성적 과거로 퇴행

각 도형의 위치 / 자기개발 모형

조해리의 창 : 미국 심리학자 조세프(Joseph), 해링턴(Harrington),

	역동성 미래	현재 우울증	과거
의식 미래	Open(개방) Good point		1~2년
전의식 현재	피드백을 받는 강도 삶의 영역	마음의 영역	Hidden (신중) 2~4년 탐험
무의식 과거	Blind(맹인) 자기공개의 정도	unknown(은둔) bad point	아픔좌절상처 5년 이상
	의식 심성고(영혼)	전의식 냉장고(정신)	무의식 냉동고(육체)

106

도형심리 분석기준

일반적 : 왼쪽 → 오른쪽, 위 → 아래
반대로 배열하여 그린 경우 일탈의 정도를 가늠해 볼 수 있음. 피검자의 계획성을 관찰.
(그리는 순서를 적게 할 것)

용지의 왼쪽이나 오른쪽 아래 모서리 - 심리적 스트레스, 아픔, 좌절, 상처
왼쪽 위 모서리 - 겁이 많음, 자기주장 강함, 중앙에 위치 - 자기중심적

전체적으로 큼 : 적극적, 열정적, 독단적, 자기중심적, 주장 강함
전체적으로 작음 : 소극적 성향, 불안, 두려움
전체적으로 크고, 작음이 혼재 : 독특함, 산만함, 극상, 극하

도형의 모양을 미완성 시킴 - 정서 문제의 반영
○ - 관계성, 환경, 대인관계의 문제   △ - 주도성, 일, 자신감의 문제
□ - 안전성, 공동체, 안정, 학습의 문제   S - 예술성, 기분, 감정의 문제

 배열 **순서**

 도형의 **위치**

 도형의 **크기**

 도형의 **모양**

도형의 이미 - 긍정 / 부정

	긍정	부정
○	관계성	단순성
□	안정성	소심성
△	주도성	주장성
S	신중성	완벽성

도형의 의미 - 상징 / 키워드

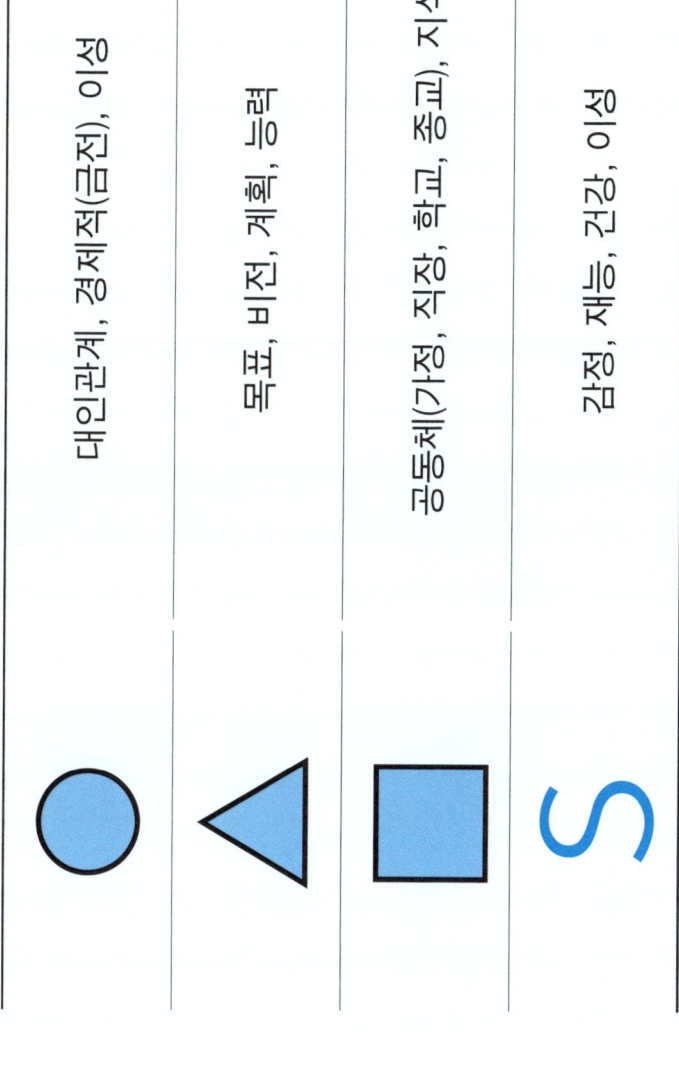

○ 대인관계, 경제적(금전), 이성

△ 목표, 비전, 계획, 능력

□ 공동체(가정, 직장, 학교, 종교), 지식

S 감정, 재능, 건강, 이성

도형의 의미 2

담즙질(주도형)
일, 자신감, 목표

△

우울질(신중형)
정신건강, 영성, 이성, 예술성

S

다혈질(사교형)
사람, 관계, 환경

점액질(안정형)
공동체, 지식, 자금

일 / 목표중심적

담즙질 = 주도형
긍정
- 목표가 분명하다.
- 의지가 강하다.
- 결정이 신속하다.
- 통제하고 조정한다.
- 자기의사가 뚜렷하다.
- 리더십이 있다.
- 주도적이다.

부정
- 자기주장이 강하다.
- 많은 일을 맡는다.
- 독단적이다.
- 자유를 중시한다.
- 정치적이다.
- 성급하다.
- 너무 자동적이다.

MBTI - EJ
목표실현

우울질 = 신중형
긍정
- 아이디어가 좋다.
- 직관적이다.
- 의미가 중요하다.
- 미래를 생각한다.
- 분석적이다.
- 재능이 있다.
- 감정적이다.

부정
- 완벽주의적이다.
- 우울하다.
- 자유분방하다.
- 행동이 조심스럽다.
- 의심한다.
- 너무 조용하다.
- 존재감이 낮다.

MBTI - INF
예술성

속전속결 외향적 / 낙천적

심사숙고 내향적 / 분석적

다혈질 = 사교형
긍정
- 사교적이다.
- 다정다감하다.
- 자율적이다.
- 이해로 수용한다.
- 말을 잘한다.
- 다양한 친구가 많다.
- 낙천적이다.

부정
- 단순하다.
- 수다스럽다.
- 유아적이다.
- 정리가 안 된다.
- 말을 과장한다.
- 혼자서는 힘들다.
- 산만하다.

MBTI - EP
대인관계

점액질 = 안정형
긍정
- 지금 현재가 중요하다.
- 사실적, 구체적이다.
- 현실을 수용한다.
- 보수적이다.
- 지적인 것을 좋아한다.
- 꼼꼼하다.
- 윤리와 안정적이다.

부정
- 우유부단하다.
- 소심하다.
- 트집을 잡는다.
- 변화를 거부한다.
- 지적을 잘한다.
- 혼자가 편하다.
- 불평한다.

MBTI - IST
공동체

안전관계중심적

네 가지 도형의 의미

일 부정적 완벽

외향적 ← → **내향적**

긍정 부수는 관계 중심 일

담즙질 = 태양인

D, 일, 목표, 열정, what?
미래주의자, 감독
칭찬 / 스트 : 당신이 최고야! / 일
웃음 : 폭소(청군웃음)
태양

우울질 = 소음인

C, 우울, 질서, 완벽, how?
완벽주의자, 작가
칭찬 / 스트 : 꼼꼼해서 완벽해! / 음악, 독서
웃음 : 내숭쟁이 웃음(행복(눈물)
씨앗 – 명품비서

다혈질 = 소양인

I, 사람, 순수, who?
현실주의자, 배우
칭찬 / 스트 : 인간성 짱이야! / 수다
웃음 : 박장대소(재미, 래크)
말 / 새

점액질 = 태음인

S, 평화, 신뢰, why?
평화주의자, 관객
칭찬 / 스트 : 당신이니까 할수있어! / 잠
웃음 : 교수우이한미소
소 / 흙

112

도형해석의 단계

1. 1차 기질적 특성 파악 - 기질검사.

2. 2차 심리적 특성 파악 - 성격검사.

3. 메인도형의 패턴 - 미·중·물·조·천·드, 라이프쇼크, 조인트포인트.

4. Bad point - 폐쇄영역.

5. Good point - 개방영역.

결론 : 조언.

주의 - 핵심도형 파악이 중요함(가장 큰 것, 갈등도형, 무의식).

도형의 16위치별 장단점

○ 대인관계가 좋다. △ 자신감이 충만하다. □ 보호적이다. S 유연하다.	○ 따뜻하다. △ 낙천적이다. □ 효율적이다. S 인백주의자다.	○ 현실지향적이다. △ 의지가 강하다. □ 조용하다. S 다재다능하다.
○ 불안정하다. △ 진인하다. □ 겁이 많다. S 부정적이다.	○ 풍채 좋음. △ 현실적. □ 보수적이다. S 맹신주의자.	○ 외향적이다. △ 믿음이 큰다. □ 태평하다. S 분석적이다.
○ 훈련 잘 안됨. △ 냉소적. □ 우유부단. S 논리적.	○ 친밀 △ 생산적 □ 현실적 S 이상주의	○ 열정적. △ 단호하다. □ 지도자형. S 충성심 강함.	○ 통을을 잘 한다. △ 자립심이 강하다. □ 신뢰감만하다. S 초감각적이다.
○ 과장신함/겁이많음. △ 감정무딤/교활하다. □ 고집이 세다. S 고지식하다.	○ 신용이 없다. △ 생각이 없다. □ 자기보호적이다. S 비사교적이다.	○ 안절부절하다. △ 남을 옷지르려 한다. □ 관망자이다. S 비현실적이다.	○ 수용능력이 있다. △ 지도자형이다. □ 유머, 재치가 있다. S 자기희생적이다.

○ 의지가 약하다. △ 신경질적이다. □ 날카롭다. S 자기중심적이다.			
○ 자기중심적이다. △ 신경질적이다. □ 이기적이다. S 비판적이다.			
○ 말소리가 크다. △ 자만심이 있다. □ 동요하지 않는다. S 복수심이 강하다.			

114

메인 도형 6가지 Main-Character

특이 도형 7가지 Sub-Character

메인도형 6가지 미개발형, 중복형

미개발형
크기가 갈으면서 흩어진 도형

1. 자신의 장점을 살리지 못하는 상태.
2. 고민을 해도 겉으로만 갈등.
3. 단순한 삶에서 벗어나지 못함.
4. 소극적인 삶을 살고 있음.
5. 인간관계가 입체적이지 못함.
6. 기질을 개발할 수 있는 많은 가능성.
7. 객관주의형(객관적, 이성적, 독립적, 거리감유지) 순수열정형

중복형
겹쳐져서 그려진 도형

1. 극성, 극하 타임
2. 잘하는 것은 아주 잘하고 못하는 것은 아주 못함.
3. 결단력이 뛰어남, 순발력이 높음.
4. 끈기와 인내심, 지구력이 부족.
5. 일을 하면서도 목적성이 없음.
6. 쉬운 방법이 아닌 어려운 길을 선택.
7. 생활 가운데 정리정돈이 필요함, 고려함.

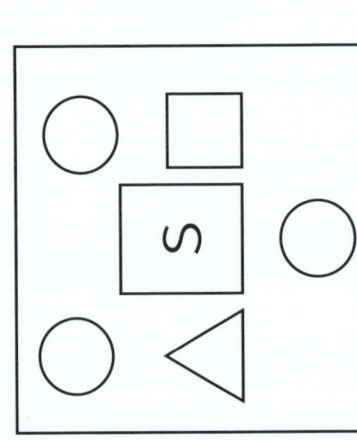

116

미 개발형 2 (Un developing Type)

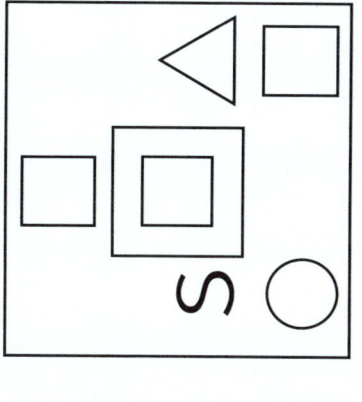
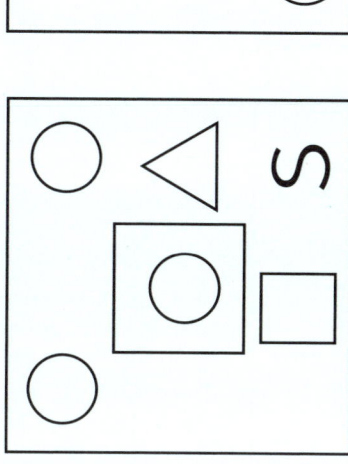
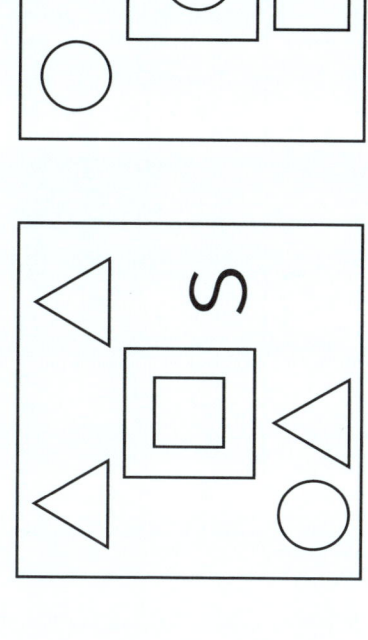

1. 자신의 장점을 살리지 못하는 형태.
2. 단순한 삶에서 벗어나지 못함.
3. 소극적인 삶을 살고 있음.
4. 기질을 개발할 수 있는 많은 가능성.
5. 장점이 많이 있는데 소극적으로 살기 때문에, 남에게 끌려가는 삶을 삶.
6. 객관주의형, 순수 열정형

중복형 2 (Overlap Type)

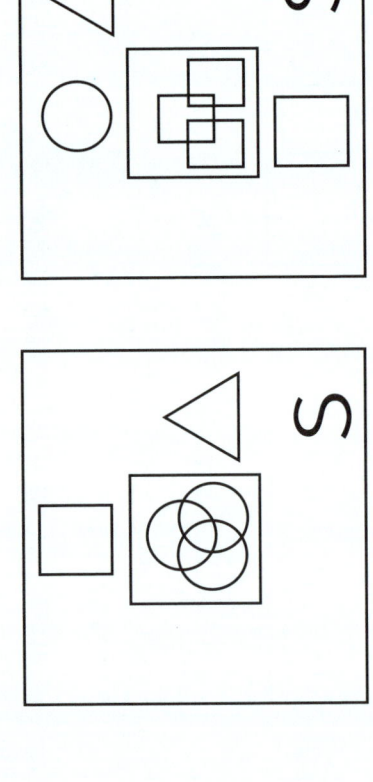

1. 극상, 극하 타입
2. 잘 하는 것은 아주 잘하고, 못하는 것은 아주 못함.
3. 결단력이 뛰어나고, 순발력이 높음.
4. 끄기, 인내심, 지구력과 근성이 부족함.
5. 일을 하면서도 목적성이 없음, 어려운 길을 선택.
6. 생활 가운데 정리 정돈이 필요함. 고리형

메인도형 6가지 몰입형, 조사형

몰입형
몰입의 형태로 그린 도형

1. 집중력이 좋음.
2. 반복을 잘 견디고 과제를 잘 해옴.
3. 전체처럼 보이나 노력형 천재.
4. 자격증을 많이 가짐.
5. 대체적으로 열심히 살아감.
6. 긍정몰입(안에서 밖) 부정몰입(밖에서 안)
7. 외로움이 크게 올 수 있음.

조사형
붙어있는 형태로 그린 도형

1. 머리가 총명함.
2. 분석능력이 뛰어나고 관찰을 잘함.
3. 논리적임.
4. 결단력과 실천력이 부족.
5. 지적 에너지가 높음.
6. 마음이 순수하지 못하고 의심이 많음.
7. 연구소 연구원, 수사관이 적합.

몰입형 라운드 (Concentration Type)

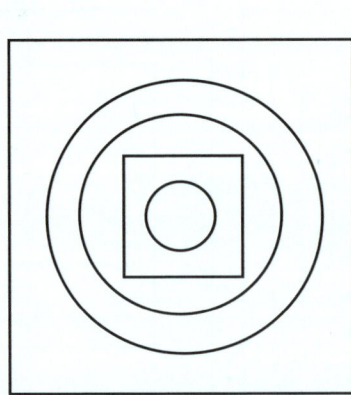

1. 집중력이 좋음, 인간중독.
2. 대인관계에 능하고, 관계를 중요하게 생각함.
3. 정이 많음, 돈 거래 조심.
4. 경제문제의 고민 가능성.
5. 열심히 사는 사람이 많이 그림.
6. 공허함이 크게 올 수 있음. 외로움을 표현 안 함. *긍정물임 - 안에서 밖으로 *부정물임 - 밖에서 안으로

몰입형 트라이앵글 (Concentration Type)

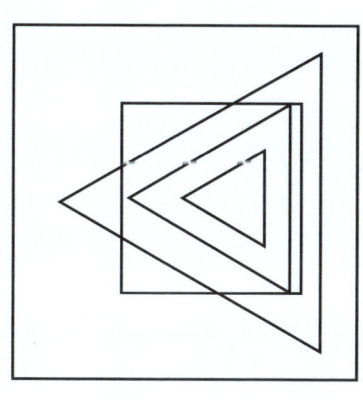

1. 집중력이 좋음, 일중독.
2. 자신에 대한 기대치와 목표가 높음.
3. 자신감도 매우 높음.
4. 성취욕구, 일 욕심이 많음.
5. 추진력, 결단력 강함.
6. 완벽주의 성향, 자기주장이 강함, 고집이 세다.

물입형 굴룸 (Concentration Type)

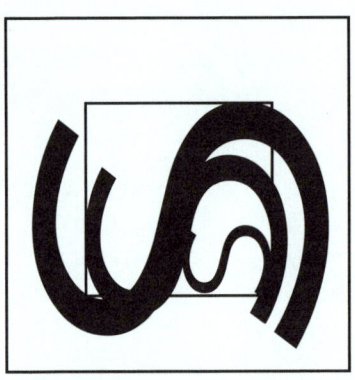

1. 집중력이 좋음, 편집, 망상증
2. 사상력, 창의력.
3. 예술적, 예민함.
4. 완벽함, 철저함.
5. 완벽주의, 망설임, 두려움.

물입형 스퀘어 (Concentration Type)

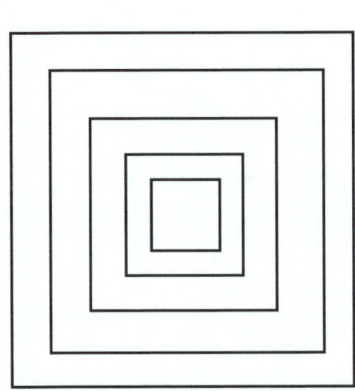

1. 집중력이 좋음, 태만중독.
2. 완벽함, 물질관리 잘함.
3. 공동체에 대한 강한 책임감과 의무감.
4. 사람 좋아함, 지적 호기심.
5. 너무 신중함, 천천히.

조사형 2 연결형 (Exploring Type)

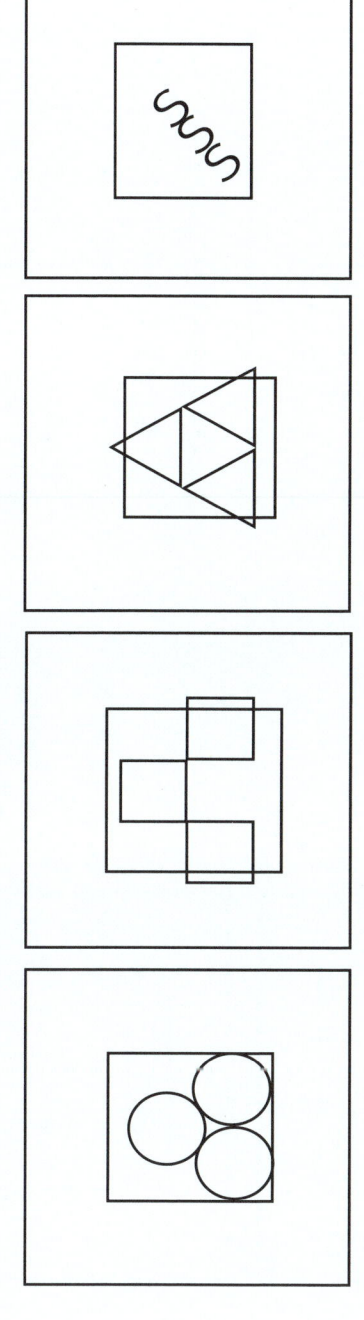

1. 머리가 총명은.
2. 분석 능력이 뛰어나고 관찰을 잘함.
3. 논리적.
4. 결단력과 실천력 부족.
5. 의심이 많음. 꼬리에 꼬리를 무는 의문.
6. 연구원, 상담원, 수사관, 과학자 등의 직업.

메인도형 6가지 천재형, 드문형

천재형
하나 그려놓고 다 그렸다고 하는 상태

1. 같은 도형을 3번 반복, 하나로 그림.
2. 우주를 순안에서 찾는 사람.
3. 타고난 천재일 가능성(IQ1400이상)
4. 타인의 재능과 장점을 자기화 시킴.
5. 기업을 이끌 수 있는 탁월한 능력의 소유자.
6. 사업가형, 재벌형.
7. 통계적으로 1만명에서 한두 명 나옴.

드문형
좀처럼 보기드문 형태

1. 매우 똑똑함, 독특한 생각의 소유자.
2. 보통사람들과는 잘 어울리지 못함.
3. 상상력이 뛰어나며 순수를 추구.
4. 다른 시대에 태어났어야 할 사람.
5. 훌륭한 아이디어를 가짐.
6. 자신의 장점뿐 아니라 타인의 장점도 이용.
7. 200~300명 가운데 1명꼴로 나옴.

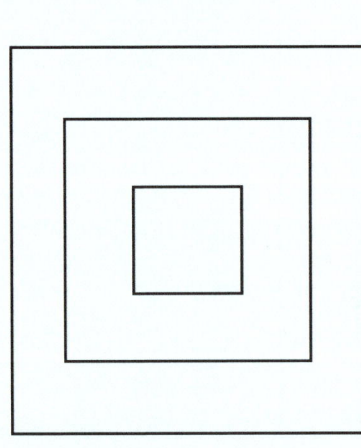

천재형 2 (Genius Type)

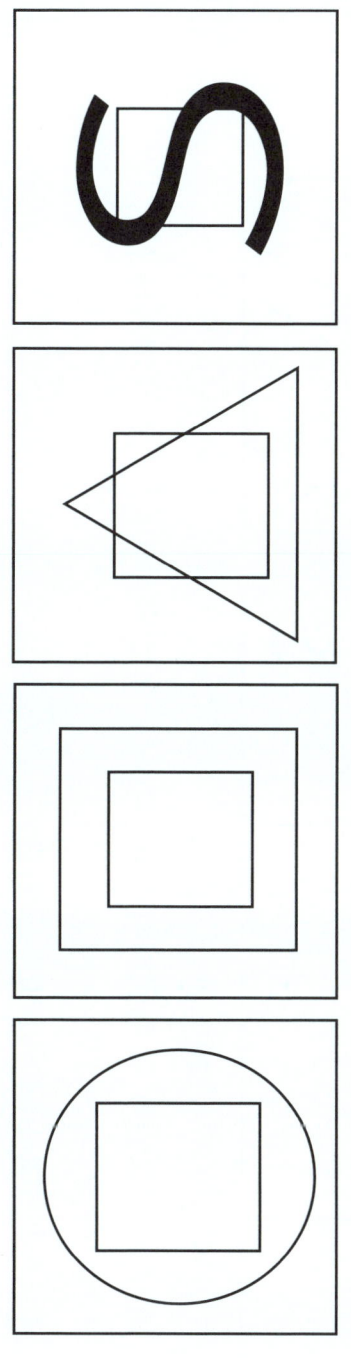

1. 같은 도형을 3번 반복하여 하나처럼 그림.
2. 우주를 손 안에서 찾는 사람.
3. 타고난 천재될 가능성.
4. 기업을 이끌 수 있는 능력의 소유자로서 사업가형, 재벌형.
5. 통계적으로 1만 명에 1~2명 나옴.
6. 타인의 재능과 장점을 자기의 장점화하여 쓰는 사람.

드문형 2 (Seldom Type)

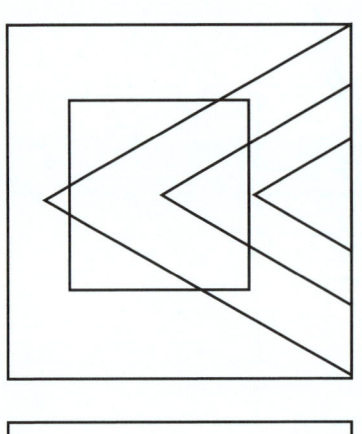
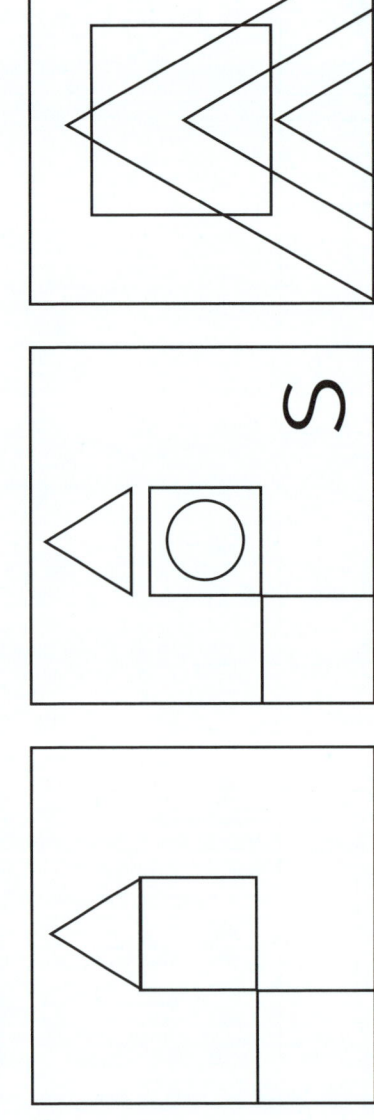

1. 머리가 매우 뛰어난 사람.
2. 보통 사람들과 잘 어울리지 못함. (20세기에 살면서 19세기나 21세기를 생각.)
3. 상상력이 뛰어나고 순수함.
4. 다른 시대에 태어났어야 할 사람.
5. 자신의 장점뿐 아니라 타인의 장점, 재능까지 이용.
6. 200~300명 가운데 1명꼴로 나온다.

특이도형 7가지

콤플렉스형, 역동형, 탐형, 우울증, 라이프 쇼크형, 조인트 포인트형, 강박증형

콤플렉스형
(Complex Type)
좌사선형으로 그림형태

〈라운드〉 **대인관계** - 주로 사람에게서 얻은 상처로 인해 관계에 문제가 오는 경우, 열등감(bad)

〈트라이〉 **목표실현** - 자신이 세운 이상적인 비전이나 목표가 실현되지 않을 경우

〈스퀘어〉 **공동체** - 공동체 안에서 주어진 책임이나 의무를 다하지 못할 경우

〈클 룸〉 **하고 싶은 일 (감정)** - 자신이 하고 싶은 예술 부분에서 지지를 얻지 못할 경우

역동형
(Good point Type)
우사선형으로 그림형태

〈라운드〉 **대인관계** - 관계에 있어 매우 적극적인 태도를 보이며 기분이 up된 상태, 관계 좋음(good)

〈트라이〉 **목표실현** - 목표에 대한 강한 자신감으로 자신의 능력을 발휘하는 상태

〈스퀘어〉 **공동체** - 공동체 안에 칭찬과 인정을 받고 있어 열심히 봉사하는 상태

〈클 룸〉 **하고 싶은 일(감정)** - 자신의 예술적 감각을 인정받고 특별한 대접을 받는 상태

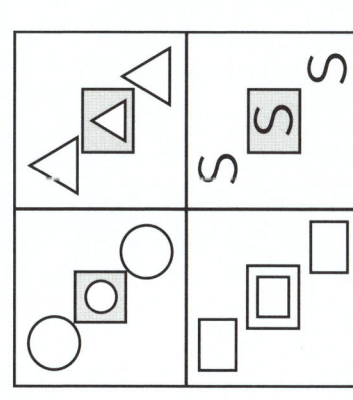

특이도형 7가지 콤플렉스형, 역동형, **탑형, 우울증형**, 라이프 쇼크형, 조인트 포인트형, 강박증형

탑형
(Top Type)
기둥모양으로 그린형태

⟨라운드⟩ 대인관계 - 자신과 코드가 맞지 않는 사람에게는 관계가 단혀있는 상태, 보수적, 제한함.

⟨트라이⟩ 목표실현 - 목표에 대한 이기심으로 오로지 일에만 전념하는 상태.

⟨스퀘어⟩ 공동체 - 새로운 것을 받아들이지 못하고 극보수적인 입장을 취함.

⟨글룸⟩ 하고 싶은 일 - 자신의 분야에 집중해 주위를 물리치는 상태.

우울증형
(Gloomy Type)
평행으로 그린형태

우울증 패턴은, 자존감이 낮아져 스트레스에 저항하지 못하는 경우로, 심해지면 정신적 우울감이 따라 올 수 있음.

1. 심리적인 감기증상.
2. 우울하고 모든 것이 싫어진 상태.
3. 혼자라는 외로움을 느끼는 상태.

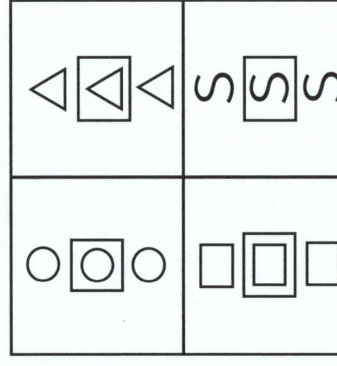

특이도형 7가지

콤플렉스형, 역동형, 탐형, 우울증, **라이프 쇼크형, 조인트 포인트형**, 강박증형

라이프 쇼크형
(Life shock Type)

메인도형 끼리 서로 크기와 간격에 큰 차이가 있는 경우

라이프쇼크란, 메인 도형에서 인생을 살아오며 겪었던 가장 충격적이고, 가슴 아픈 상처 또는 갈등에 관한 기억을 나타냄.

1. 사람에 대한 무관심과 대인관계 기피증세.
2. 표면적으로 행복해 보이지만 내면적으로 상처.
3. 누군가에게 받은 고통에 대한 자세한 기억.

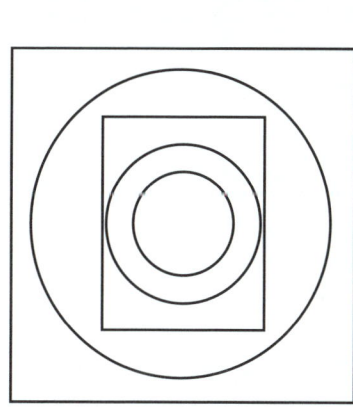

조인트 포인트형
(Joint Point Type)

메인 도형과 비교 했을 때 2차 도형중 크기가 너무 크거나 작은 도형

조인트포인트란, 2차 도형에서 자신이 가진 타고난 장점을 살리지 못하고, 약점에 지나친 집착(큰도형)을 보이거나 열등의식(작은도형)을 나타냄.

1. 상처가 아니라 장점이 미개발된 상태.
2. 집착요소에 아킬레스건이 드러난 경우.

특이도형 7가지

콤플렉스형, 억동형, 탐형, 붐형, 우울증, 하이프 쇼크형, 조인트 포인트형, **강박증형**

강박증형
(Obsession Type)

도형이 누운 경우

강박증 패턴은, 인생에 대한 저항과 반항이 극도로 심해진 경우로 자신의 꿈 이 계속적으로 실현되지 않을 때 오는 스트레스성 정신적 상태.

신체적 반응

1. 한 가지 일에 지나친 강박증세를 보이는 상태.
2. 과도한 집착으로 망상에 시달려 고통스러워함.
3. 관계적 사고, 사회적 고립, 은둔, 괴벽, 의심, 증오, 폭력행사 등을 수반하여 다양하게 반응이 올 수 있음.

조인트 포인트형 2 Sub-Character 분석

1. Joint Point는 마음속에 있는 울분이나 심리의 아킬레스건으로 장점이 개발되지 않아서 생긴 것이다.

2. 이런 사람들에게는 "너도 할 수 있어"라는 자신감을 가질 수 있는 생각을 넣어 주어야 한다.

3. 다른 도형보다 하나가 유일하게 크거나 작을 때 Joint Point라고 한다.

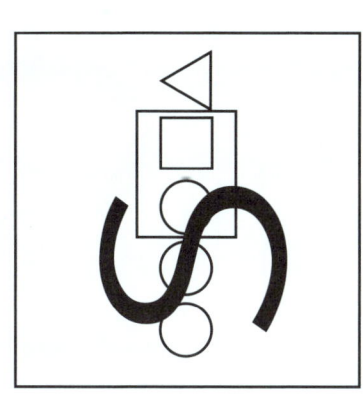

1. Triangle이 큰 것은 목표에 집착하는 상태.
2. 그림이 작은 것은 열등감을 갖는 것.
3. 머리가 좋은데 가정형편이 좋지 않아서 자신의 꿈을 이루지 못함.
  (아킬레스건)
4. Triangle에 대해 부담감을 가진다.

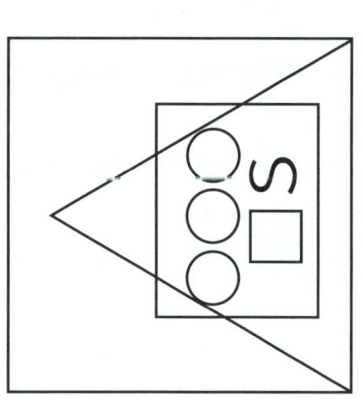

산만형 Sub-Character 분석

산만형
(Distracting Type)

1. 도형의 크기가 다 다름.
2. 이런 사람은 다양성을 많이 보아야 한다.
3. 조사 타입으로 머리가 좋다.
4. 목표가 좌절되어 상처 입음.
5. 하고 싶은 일이나 감정이 상함.
6. 인간관계에 대한 최근의 상처.
7. 마음이 공허함.

강박증 타입의 도형2

1. 강박증은 도형에서 S가 누워있는 것을 말한다.
2. 인생에 대한 저항과 반항이 극도로 심함.
3. 어느 한 가지 문제에 과도한 집착으로 계속적으로 의심함.
4. 관계적 사고, 사회적 고립, 은둔, 괴벽, 의심, 증오, 폭력행사를 수반.

각 기질의 결함

기질의 좌우 (자연스러운 결함)	다혈질 (○)	외향적, 낙천적, 솔직한 타입. 다른 사람들과 함께 있으면서 힘을 얻고, 쉽게 흥분함.
	담즙질 (△)	
	점액질 (□)	내향적, 염세적, 부드러운 타입. 사람들과 함께 있으면 피곤해하고 완벽한 일처리.
	우울질 (S)	
기질의 상하 (보완적 결함)	다혈질 (○)	인간관계 중심적, 모든 사람에게 좋은 친구가 될 수 있음. 반정대며, 의욕을 보이지 않을 수 있음.
	점액질 (□)	
	담즙질 (△)	목표(일) 중심적, 업무 중심적, 완벽하고 신속하게 일을 처리함. 일 처리 못할 때 실망, 좌절함.
	우울질 (S)	

각 기질의 결함 2

기질의 대각선 (Stress 결함, Mask 결함)	다혈질 (○) 우울질 (S)	**다혈질 마스크, 우울질 마스크** ex) 완벽주의 우울질처럼 지내성적으로 지내다가 노래방에 가면 다혈질로 바뀌어 무대 중앙에 서서 사람들을 사로잡는 일을 즐기기도 함.
	담즙질 (△) 점액질 (□)	**담즙질 마스크, 점액질 마스크** ex) 집에서는 평온한 점액질의 모습을 보이다가 사무실에만 들어서면, 역동적인 담즙질로 바뀜. '자연적 자아'와 '강요된 자아'를 구분할 줄 알아야 함. 실제 자신의 기질과는 다른 기질을 연출하며 살아감. 그 결과 자신의 진짜 모습을 감춘 채 가면을 쓴 것과 같음.

가면 (Mask)을 벗어라

Mask 란 ?

내 인생에 결정적 영향을 끼친 중요한 타인 (부모) 이나, 혹은 충격적인 환경에 의해서 강압적으로 나에게 습득된 기질. (환경으로 인해 생겨난 성격)

Mask의 특성	
다혈질 마스크	우울질인데 다혈질 가면 (집안에서 재롱을 부리고 활력소 역할담당)
우울질 마스크	다혈질인데 우울질 가면 (유교적, 엄격한 가정)
담즙질 마스크	점액질인데 담즙질 가면 (지배적인 부모, 목표중심)
점액질 마스크	담즙질인데 점액질 가면 (허용적인 부모, 소심함)

도형이 도형을 만났을 때 해석 방법

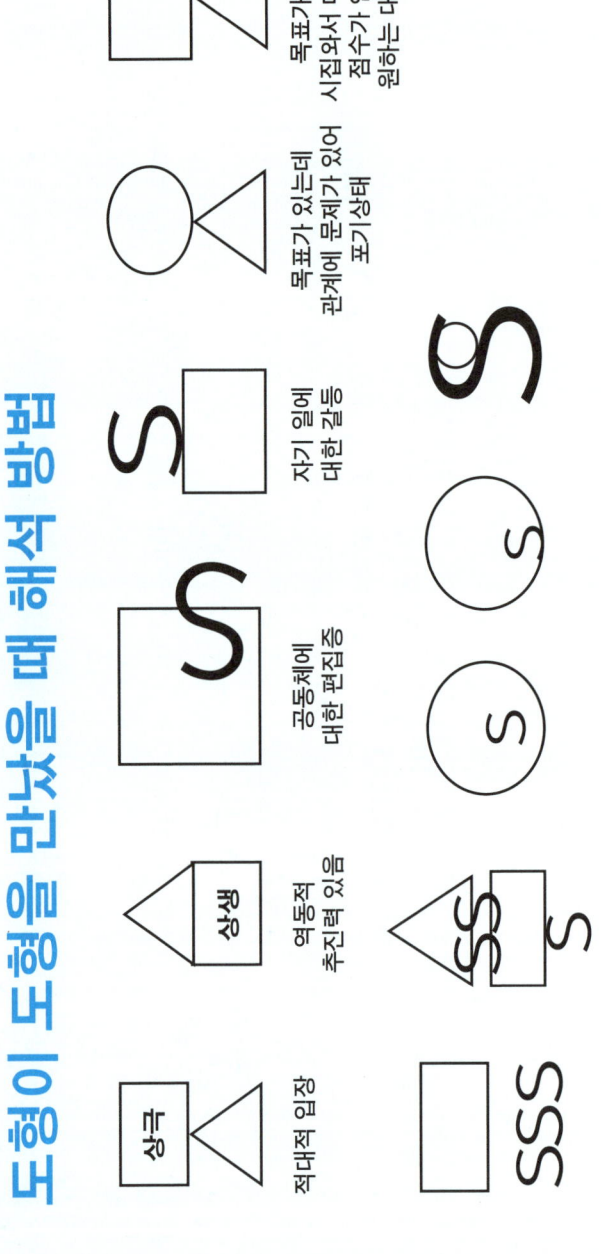

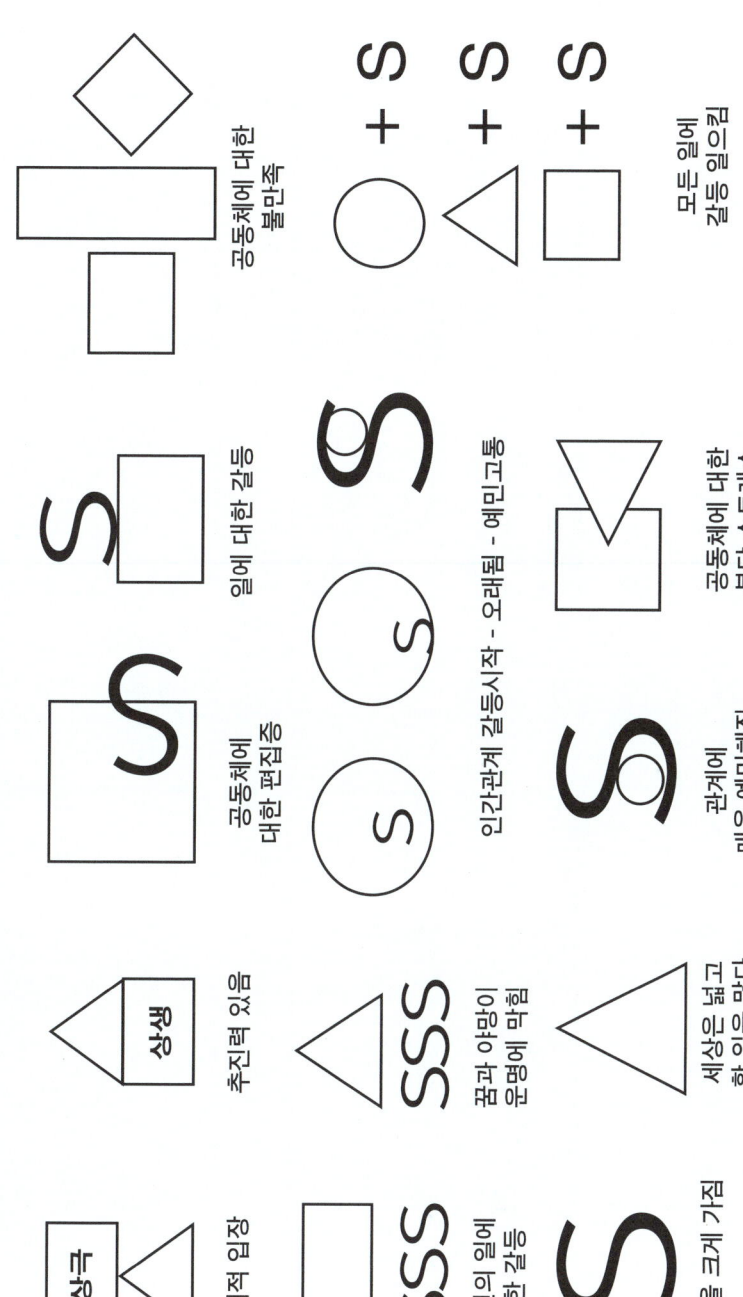

각 기질이 원하는 것

담즙질 :
왕, 여왕, 대통령, 히틀러, 저택과 리무진, 유명한 운동선수가 되고 싶다고 함.

우울질 :
예술가, 음악가, 화가, 시인, 은행원 유명한 예술가를 꿈꾼다.

다혈질 :
배우, 개그맨, TV스타, 세일즈맨 '신데렐라'가 되고 싶어한다.

점액질 :
부자가 되고 싶음.(일을 하지 않기 위해서) 공무원, 프로골퍼, 방학과 휴식을 원함.

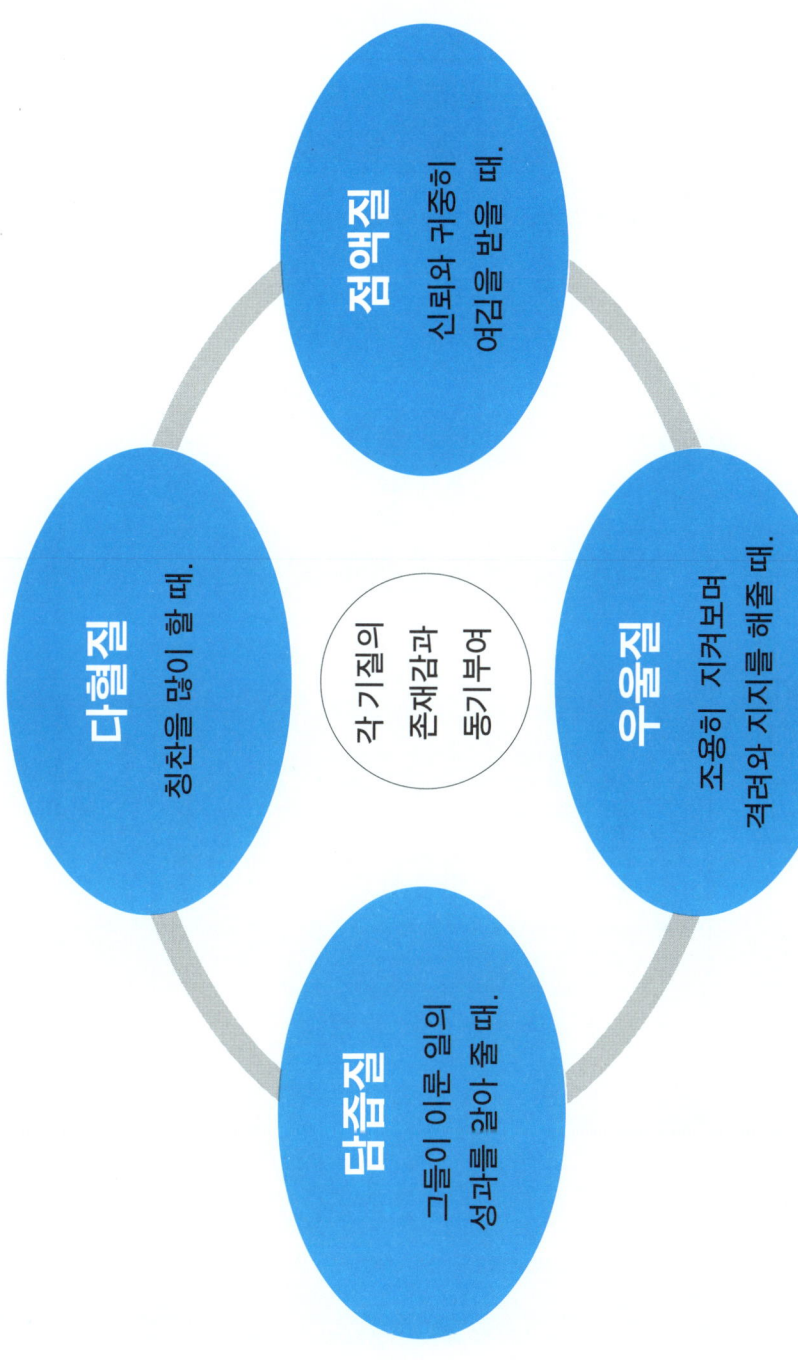

139

각 기질의 차이점 다혈질, 담즙질, 점액질, 우울질

기질	감정	일하는 태도	부모로서	친구로서
다혈질	- 기억력 좋음 - 감정이 풍부함 - 적극적으로 자신을 표현함	- 쉽게 지원함 - 일을 재미있게 함 - 다른 사람을 끌어들임 - 새로운 일을 만듦	- 가정생활을 재미있게 함 - 아이들이 친구를 좋아함 - 어린애도 명령을 잃지 않음	- 쉽게 많은 친구 사귐 - 사람을 좋아함 - 빨리 사과함 - 한 순간도 지루하지 않게 지냄
담즙질	- 천성적 지도자 - 활동적이고 역동적 - 변화를 필요함 - 의지가 강함, 단호함 - 감정에 대해 무딤, 약함	- 목표 지향적 - 전체를 바라봄 - 조직적 - 즉시 행동에 옮김	- 지도력을 발휘 - 목표달성 - 가족들에게 동기부여 - 자기주장 강함	- 친구가 없어도 외롭지 않음 - 단체 활동을 조직함 - 좋은 일을 주장함
점액질	- 겸손하고 온유함 - 태평스럽고 느긋함 - 고요하고 냉정 - 인내심이 강함	- 유능하고 꾸준함 - 평화롭고 상냥함 - 행정능력이 있음 - 문제를 중재함	- 좋은 부모가 됨 - 아이를 위해 시간 함애 - 서두르지 않음 - 쉽게 기분이 상하지 않음	- 함께 어울리기 쉬움 - 유쾌하고 즐거움 - 다른 사람의 마음을 상하지 않게 함
우울질	- 사려 깊음 - 분석적 - 진지하고 목적의식 - 재능이 있음	- 짜여진 계획에 따라 - 완벽주의, 높은 수준 - 꾸준하고 철저함 - 질서 있고 조직력	- 기준을 높이 둠 - 모든 것에 바르기 원함 - 집안 정리정돈 - 가족을 위해 자신을 헌신	- 친구를 조심스럽게 사귐 - 뒤에서 돕는 것을 만족 - 소수의 친구와 깊은 관계

도형기질별 학습 전략

사고형

다혈질 - 언어, 대인관계 지능

다혈질은 말이 많다.

그리고 말 재주가 좋다. 말을 하면서 아이디어가 솟구치고 자신의 생각이 정리된다.

강의를 오래하면 눈빛이 희미해지나 '자 이제 부터 옆 사람과 얘기하세요' 하면 몸에 생기가 돌면서 쉼 없이 재빨리 움직인다.

그들은 충분히 상대방과 경험을 나누고 많은 얘기를 했을 때 많이 배웠다고 생각한다.

그들은 다양하고 재미있는 표현방법을 좋아한다.

그들은 자신과 마음에 맞는 사람과 같이 공부할 때 정말 신나게 열심히 공부할 수 있다.

다혈질 학생

- 자신의 재능을 친구와 선생님에게 보여주고 싶은 욕구가 강함.
- 교사의 질문에 본인이 답을 몰라도 아주 빠르게 손을 들고 나서 생각함.
- 외모, 복장, 말하는 태도에 신경을 씀.
- 자신의 인기관리에 관심이 높음.
- 표현은 적극적으로 잘 하나 체계적, 논리적, 분석적이지 못함.
- 특권의식, 공주병, 왕자병 등 남에게 인정받고자 하는 의식이 강함.

142

주도형

담즙질 - 신체운동 지능

담즙질은 신체운동 지능을 활용하는 학습방법이 유용하다.

몸으로, 경험적으로 깨닫는 수업을 좋아한다.

100 마디 말보다 한번의 경험과 실천이 중요하다고 생각한다.

말 많은 교사, 글지 많은 책보다 실용적인 지침을 좋아한다.

먼저 부딪혀보고 경험을 통해서 나름대로 주관적인 진리를 깨닫기 좋아한다.

담즙질 학생

- 공부, 숙제 등 과제나 일을 자발적으로 시작함.
- 자신의 속도대로 빠르게 추진하고 집중력이 강함.
- 서론이나 주변사항보다는 핵심사항, 주관적인 진리를 깨닫기를 좋아한다.
- 당장 써먹을 수 있는 것에 관심이 높음.
- 도전적 과제를 원하고 가만히 앉아서 듣기보다는 실험하고 움직이고 체험을 원함.
- 수업에 불만사항이 있으면 교사에게 불만을 직접 표현함.

점액질 - 논리수학지능

안정형

점액질은 예측 가능한 것을 좋아한다.
그리고 모든 것이 정리정돈 되어있는 것을 좋아하며 산만하고 떠들썩한 것을 좋아하지 않는다.
두 가지 일을 동시에 벌이지도 않고 하려고 하지 않는다.
수학 같은 문제를 푸는데 이것 저것 다른 것을 생각해보라. 수학이 제대로 풀리겠는가?
한가지에 집중해서 그 문제를 논리적인 절차에 따라 집중해서 해결하는 것을 좋아한다.
그들이 좋아하는 학습방식은 절차와 집중이다.
그들이 집중할 수 있게 그들을 방해하지 말라.

점액질 학생

- 수업시간에 늦지 않게 잘 참석하고 수업 태도가 성실한 편임.
- 단원목표, 내용 등 모든 것을 이해하기 원함.
- 교사나 친구들에게 은근히 신임 받기를 기대한다.
- 자발적인 발표는 하지 않지만 지적하면 그제서야 자신의 생각을 수줍게 말함.
- 교사의 강의내용을 자세하게 많이 필기함.
- 학습내용, 자료, 사실을 비판적으로 따지기보다 그대로 수용하려 함.

신중형

우울질 - 공간, 음악지능

우울질은 생각이 많고 신중한 사람이다.
우울질이 높은 사람은 대개 점액질 유형도 함께 있어서 두 가지가 많이 혼재되어 있음.
우울질은 마음 속에 어떤 그림이 떠올라야만 이해가 되는 스타일이다.
따라서 눈을 감고 마음속으로 그림을 그릴 시간을 주어야 한다.
이들은 구조를 그림 또는 도표로 그려주면 잘 이해한다.
'마인드 맵'을 가장 선호하는 타입이 아닐까 생각된다.
우울질은 개념과 개념의 연결 구조를 그려주어야만 이해가 잘 된다.
따라서 혼자서 정리하는 작업을 할 시간이 필요하다.

우울질 학생

- 수업, 숙제, 시험, 점수 등에 관심이 많고 민감함.
- 세부적 사실, 자료 등에 관해 깊이 알기를 원함.
- 수업시간, 쉬는 시간에 남들과 어울리기 보다는 조용히 자신의 자리를 지킴.
- 혼자서 공부하거나 독립된 공간에서 작업하기를 바람.
- 호기심이 있어 구체적이고, Why? 와 How? 라는 질문이 많음.
- 수업에서 남들에게 인정받고자 하는 욕구가 적으나 자신의 기준은 높음.

행복해지는 가장 확실한 방법은 다른 사람과 마음을 교류하거나 스스로 맑은 마음을 창조하는 것이다.

- Gerald Corey

도형기적별 진로 및 적성

다혈질 - 진로 및 적성

사교형

- 인문 사회분야, 예능계, 언어계열
- 언변이 뛰어나고 대인관계가 좋으므로 영업직에 적합함.
- 많은 사람들 앞에서 사회를 보거나 주목 받는 일을 잘 할 수 있음.
- 대중 예술인이나, 연예인 매니저, 레크레이션 지도자.
- 사람과 관계된 일을 하게 되면 즐겁게 잘 적응할 수 있음
- 다른 사람을 돕는 일에 즐거움과 보람을 얻으므로 병원이나 여행가이드, 서비스 관련직업에 적합.
- 마케팅 및 영업판매직, 보험설계사, 연예인, 아나운서, 상담가.
- 음악치료사, 언어치료사, 외교관, 교사, 사회복지분야, 특수학교교사.
- 간호사, 영양사, 비행기 승무원, 호텔지배인, 변호사, 마술사 등

담즙질 - 진로 및 적성

- 이공계, 경영 계열
- 담즙질은 직관이 발달되고 독창적인 아이디어가 많은 사람.
- 이성적이고 냉정한 성격으로 의사, 치과의사에 어울림.
- 리더의 성향으로 최고경영자, 감독자, 건설현장 감독 등이 적합함.
- 영업능력이나 기획능력이 탁월하고, 실용과목의 교사도 잘 할 수 있음.
- 정치와 군대에서 탁월한 능력을 발휘할 수 있음.
- 경영학, 마케팅, 기획, 전략부서, 기업 컨설팅, 노무사.
- 정치, 군대, 경찰관, 변호사, 판검사, NGO 단체활동가, 환경운동가.
- 영화감독, 운동감독, 운동경기 심판, 경호원.
- 선장 및 항해사, 항공기 조종사, 전투기비행사, 의사, 보원관리요원 등

안정형

점액질 - 진로 및 적성

- 교육계, 인문계열
- 점액질에게 가장 적합한 적성분야는 교육분야.
- 사회사업가나 상담가로서도 자질이 있음.
- 모험이 없는 안전한 직장을 선호함(공직, 공무원, 지방단체장).
- 한 가지 일에 집중하는 끈기가 뛰어나 한 분야의 전문가, 장인, 명장 등이 많음.
- 교육자, 사서, 역사학자, 공학전문가, 수공예 예술가, 의상디자이너
- 조경기술자, 직업훈련교사, 공학문련교사, 회계사, 경제학자, 보험설계사, 요양 보호사.
- 측량사, 사회과학연구원, 번역가, 세무사, 전문비서, 문화재 보존가
- 우편집배원, 역무원, 철도기관사, 공무원 등

우울질 - 진로 및 적성

신중형

- 예술계, 연구계열, 신학계열
- 예술가적 기질인 이들 중에는 연예인, 화가, 음악가가 많음.
- 꼼꼼하고 신중하며 한 가지 일에 깊이 집중하는 완벽주의적인 성향으로 연구 개발직이나 교수가 적합.
- 회계, 경리업무, 전산에 재능을 보이고 미각이 뛰어난 이들은 식품공학이나 영양사 및 조리사에도 적합.
- 예술가, 신학자, 연예인, 모델, 작곡가, 디자이너, 사진작가, 회계사.
- 엔지니어, 인테리어 디자이너, 게임 기획자
- 메이크업 아티스트, 코디네이터, 제과제빵사, 조리사.
- 물리학자, 수학자, 음악지료사, 은행원 등.

"진정한 탐험은 미지의 땅을 찾는데 그 목적이 있는 것이 아니라 새로운 시각으로 세상을 바라보는 것이다.

-마르셀 프로스트

도형기질별 욕구 및 상담전략

기본욕구	자아실현
내담자 특성	• 상담기관을 스스로 찾고 선호하는 경향(자신에 대한 관심).
	• 정체성 및 실존적 문제로 연관시키는 경향.
	• 문제의 구체성을 늦게 보는 경향(배려하는 마음이 많다. 상담자를 보호하려는 경향).
상담 전략	• 구체적 상담 목표 / 구체적인 예.
	• 상담의 본론에 되돌아오기.
	• 다행질 상담자의 주의점 : 주관적 상담, 감각 조심(미리 넘겨 짚을 수 있기에).
	• 재확인 작업 / 부분자아의 내면대화(마음의 머리 / 몸과 마음 / 이상과 현실 등 미분화 시킴).
	• 읽기, 쓰기, 독서 요법 / 직면의 시기 포착(직면을 피한다. 조화가 깨질까봐).
	• 게스탈트 기법 중(되어 보기 - 빈의자).
	• 장미 빛 안경 벗기(주관적인 꿈이 많기 때문에 현실을 볼 수 있도록.
	• 꿈과 은유의 의미해석(재해석하여 구체적으로 질문하기).

기본욕구: 능력인정, 승리

내담자 특성
- 상담의 필요성을 쉽게 인정하지 않으려는 경향(능력저하로 인정하기 때문).
- 상담과정에 대한 비판적 시각.
- 이성과 감정의 경험을 분리하려는 경향(어머니가 돌아가셔서 슬픔이라는 것이 있었다).
- 문제를 주지화 하는 경향.

상담 전략
- 역설적 기법(논리력이나 합리력이 없는 기법).
- 실패의 두려움(마음을 바꾸면 무엇이든지 한다).
- 스스로 설정하는 높은 기준과 자기기준 미달이라는 자기 패배 주기에 cycle 강박적으로 접착.
- (절하기) 않기 : win-win전략을 상상 : 두 번 거절당하기 C학점이상 받으면 안 되기).
- 사회적 인간관계 연습(인간관계가 단순한데서 엄청 꼬여 있다). 미소짓기(3번). - 먼저 인사하기(3번).
- 지적 통찰과 비판이 시간 잦기.
- 감성치료, 감수성 연습, 미술전시회나 음악회, 문학의 밤 등 비 생산적인 모임에 가기.

기본욕구	소속, 책임감
내담자 특성	• 적극적인 내담자 역할 → 타인변화 목적 • 시각지가 넓은 경향(심리적 영역 안에도 사각지대가 있다). • 쉽게 잊지 못하는 경향(사실적 기억력). • 상담자로부터 해결책, 지시 기대 : 순응 → 바로 답을 요구한다. • 답을 받아 가지고 상대를 변화시키려 한다.
상담 전략	• 문제의 초점 전환 - Role playing 빈의자 기법 • 문제 하소연 - 불평 재구조(Reframing) • 책임을 맡기는 책임. • 미해결과제 다루기 - 게스탈트 상담기법(Here and Now) • 자신의 장점 의식화하기. • 나 전달 훈련(I-message), 너에 쉽게 익숙해져 있다(You-message). • Social Network(소속욕구)을 복구하도록 도와준다. • 호흡, 요가, 심호흡(긴장을 쉽게 하기 때문에 이완 Relax 하도록 돕는다).

점 예 질

기본욕구	독립, 자유, 완성
	● 타인에 의해 이뤄지어오는 경향 / 전통적 상담을 싫어함(특히 청소년).
	● 상담을 하나의 Power game이라고 생각한다.
내담자 특성	● 내적 통찰에 대한 낮은 관심도 - 지적통찰 등에 관심이 없다.
	● 흥미를 자극 받기 바라는 경향 - 상담도 재미있어야 한다.
	● 힘 겨루는 경향(Power - game) - 학생 대열에 빠져 있어도 힘이 있다고 자부함.
	● 일대일 관계에서 상처를 받는다. 대중에는 관심이 없다. 자신의 특별함을 알아줄 때 마음을 연다.
	● 독적 접근(Equal level) 유지(눈높이).
	● 내담자의 관심과 흥미 중심으로 먼저 가기 / 피자집에서 상담(자유로움 선호)/협조 요청 / 일관성 유지.
상담 전략	● 악순환 고리 인정하기.
	● 기대차 않은 기법 / 한발 물러나기.
	● 내기 / 조건 만들기(~하면, ~한다 : 선의의 내기).
	● 내면의 어린아이 인정해주기 / 상처 : 순수무공해(있는 그대로).
	● 내면아이 치료, 그림, 사진, 영화, 카드 등등 활용하여 속마음 우회시키기.
	● 투사기법 활용, 여행, 선책 등 소통이 큰 상담이 된다.

우 울 질

사상체질 (사상체질의학)

양 : 더운 성질(열)

태양인 = 많이 더운 사람
가슴 윗부분이 잘 발달한 체형이다.(Y자형)
머리가 크고 목덜미가 굵고, 사교적임.
강하기만하고, 앉은 모습이 의로워 보임.
부드러운 면이 없음. (웅맹함)
남성적인 성격.
혈액형 : B 형.

소양인 = 조금 더운 사람
가슴부위가 성장하여 충실함.
말하는 모습이나 몸가짐이 민첩.
경솔해 보임, 엉덩이 부위가 빈약.
앉은 모습이 의로워 보임.
걸음걸이가 날렵함.
혈액형 : O 형

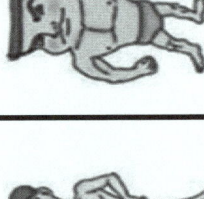

소음인 = 조금 차가움
엉덩이가 크고, 앉은 자세가 안정적임.
상체보다 하체가 더 발달.
걸을 때는 앞으로 수그린 모습을 하는 사람이 많음.
전체적으로 체격이 작고, 마르고 약한 체형.
혈액형 : AB 형.

태음인 = 많이 차가움
키가 크고, 체격이 좋음.
허리부위가 잘 발달 되어 있으며, 자세가 굳건함.
대개 살이 쪘고, 체격이 건실함.
겁이 많은 편, 변화를 싫어함.
혈액형 : A 형.

음 : 찬 성질(냉함)

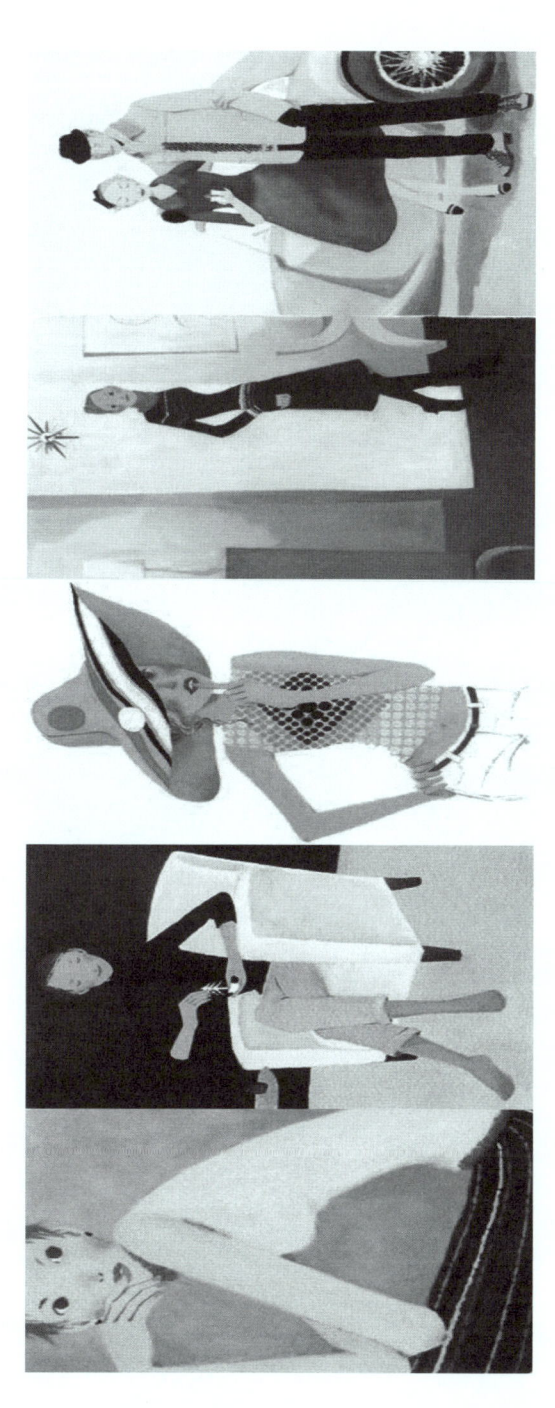

기질을 알면 서로 **'틀린'** 것이 아니라
'다르다' 는 것을 알게 되어 관계가
즐거워집니다!

True forgiveness is when you can say, "Thank you for that experience."
- Oprah Winfrey

진정한 용서란 "이런 경험을 하게 해주어서 고맙습니다." 라고 말할 수 있는 것이다. - 오프라 윈프리

제4부

간추린 상담심리학 이론

칼 로저스는 "상담이란

내담자가 상담자와의 안전한 관계에서

자아구조가 이완되어 과거에는 부정했던 경험을

자각하여 새로운 자아로 통합하는 과정이라고 정의하였고,

상담은 문제에 초점을 맞추는 것이 아니라

내담자에게 초점을 맞추는 것이며,

상담의 목적은 문제해결에 있는 것이 아니라

개인의 성장에 있다."고 말했다.

Chapter 1.
상담의 기초

1. 상담의 개념

1) 상담의 학문적 배경

　상담은 교육학과 심리학에 그 기초를 두면서 철학(가치론), 사회학 및 문화인류학과도 부분적으로 관련되어 있다. 교육을 현장운영 면에서 분류해 보면, 행정과 장학지도를 다루는 행정지도 영역과 치료, 보완, 수정, 준비를 다루는 교수학습 영역 그리고 개인적인 조력, 상담과 안내, 복지 향상을 다루는 가이던스 영역으로 구분된다. 심리학의 발달과정을 보면 최근의 심리학은 강화이론으로 대표되는 과학적 심리학의 하나인 연합주의 이론과 고전적 심리분석 이론인 프로이드주의 그리고, 실존주의 심리학, 지각 심리학 혹은 신 프로이드 주의로 불리는 인본주의 심리학으로 대별될 수 있다. 연합주의 이론은 20세기 초엽부터 발달한 것으로 인간의 행동은 과학적 실험과 그 과정에 크게 의존한다는 신념으로 E. L. Thorndike, J. B. Watson 및 Clark Hull 등이 대표자들이며 인간은 배움의 과정에 있는 존재로서 그 반응은 조건화될 수 있다고 본다. 인간의 외면적, 행위적 측면을 강조한 나머지 내재적 측면인 정서나 욕구 및 지각 등을 경시하며 경험과 자극을 통한 조작을 중요시하고, 이는 교육의 방법론과 교육재료의 개발에 영향을 주었다.

분석심리학은 19세기 후반 S. Freud가 창시하여 20세기에 미국에 소개되었으며 1920~30년대에 교육에 적용되기 시작하였다. Freud는 인간을 고전적이면서도 약간 비관적인입장에서 보았다. 인간은 두 개의 기본적인 본능인 공격성과 성욕을 갖고 있는데 이들은 때때로 환경과 갈등 혹은 절충을 가져온다. 따라서 현실과 욕구 사이에 균형유지가 필요하다고 보았다. Karen Homey나 S. Sullivn은 교육의 학습행위와 가르침의 해석에 있어서 인간의 내면적 부분을 강조했고 동일시, 자기주장, 치료봉사 등에 기여했다.

행동주의적 심리학이 교육의 수단과 도구개발에 기여했다면 분석심리학은 학생들의 인사관리 및 통신(communication)의 발달에 기여했다고 본다. 실존주의 심리학에서는 인간을 '현재적으로 볼 때는 존재(being)'이지만 '미래적 입장에서 볼 때는 되어 가고 있는 과정(becoming)'이라고 본다. 따라서 독립된 개체로서의 각개인과 그의 느낌, 지각 등의 내면세계를 중요시한다. Snigg와 Combs가 개발한 현상학과 자아심리학 등은 모두 개인을 강조하고 있으며, 이때의 개인이라 함은 그의 성장 가능성을 일컫고 있는 것이다. 따라서 자아개념이나 자아인지를 중요시한다. 긍정적인 인간관을 가지며 한 개인의 현재와 미래가 경험의 초점이다. 여기에선 한 개인의 내재적 요소인 욕구, 태도, 느낌, 가치관 및 이것들의 복합적인상호작용을 다루고 있으며, 인간에 대한 인식과 인간 상호간의 관계를 강조하게 된다. 참 만남 집단과 감수성 훈련 등을 사용한다. 이들이 교육에 끼친 공헌은 상담의 도입에 있다. 자아를 고양시키는 교육은 학습자의 성취동기 부여를 중요한 과제로 삼고 있으며, 인간 개발교육은 자아인지를 증가시키고 자기신뢰 및 사회적 관계를 중시하는데, 여기서 상담이 현대교육의 중요한 요소임을 알 수 있다.

2) 상담의 정의

이장호는 상담은 변화가 이루어져야 하는 학습과정으로서 '인간성장'이 상담의 목표임을 강조하여 다음과 같이 정의 하였다. "상담은 도움을 필요로 하는 사람이 전문적인 훈련을 받은 사람과 대면관계에서 생활과제의 해결과 사고, 행동 및 감정 측면의 인간적 성장을 위해 노력하는 학습과정이다." 이장호의 정의는 내담자, 상담자 그리고 이 두 사람의 대면관계를 상담의 세 가지 구성요소로 보고 있음을 알 수 있다.

상담이란 말은 사전에서는 '문제를 해결하거나 궁금증을 풀기 위하여 서로 의논함'으로 정의하였고, 영어로는 counseling이며, 이는 라틴어 counsulere에서 유래하였고, '고려하다', '자문하다', '조언을 구하다'로 해석된다.

한편 내담자중심치료 기법을 창시한 미국의 심리학자 칼 로저스(C. Rogers 1952)는 "상담이란 내담자가 상담자와의 안전한 관계에서 자아구조가 이완되어 과거에는 부정했던 경험을 자각해서 새로운 자아로 통합하는 과정"이라고 정의하였다.

상담은 문제에 초점을 맞추는 것이 아니라 내담자에게 초점을 맞추는 것이다. 상담의 목적은 문제 해결에 있는 것이 아니라 개인의 성장에 있다. 따라서 현재와 미래의 문제에 통합된 방식으로 대처할 수 있도록 조력하는 것이다.(로저스. 1977)

3) 상담의 특징

① 공통적으로 강조되는 것은 상담은 개인 대 개인 관계, 즉 상담자와 내담자가 얼굴을 맞대고 대화하는 대면관계로서 상담자가 내담자의 속마음을 읽어가는 과정이다.
② 상담은 언어적 수단에 의한 역동적인 상호작용이다.
③ 상담은 전문적인 조력이다.
④ 상담은 사적인 비밀관계이다.

4) 상담목표

상담에서 상담자가 해야 하는 가장 중요한 과정 중 하나는 상담 목표설정 하기이다. 상담에서 목표는 상담과정에서 기대되는 긍정적인 결과를 말한다. 목표를 설정하는 일은 상담의 방향성을 제시해주며, 이를 바탕으로 효과적인 상담전략들을 계획해 볼 수 있다. 목표 설정 과정과 절차를 단계별로 나누어 설명하면 다음과 같다.

① 상담목표의 의의

상담자는 먼저 상담 목표설정의 목적과 필요성에 대해 내담자가 납득할 수 있도록 자세히 설명해야 한다. 많은 경우 내담자들은 상담자로부터 도움을 얻고자 하면서도, 막상 상담을 통해 구체적으로 '무엇을 달성하기를 원 하는가' 라는 질문을 받으면 대답하기 힘들어한다. 그 이유는

첫째, 내담자들, 특히 청소년 내담자들은 자신의 문제가 무엇인지 명료하게 설명할 수 없기 때문에 제대로 목표를 선정할 수 없다.

둘째, 목표설정은 많은 사람들이 습득하지 못한 기술이기 때문에 내담자들 역시 구체적인 목표를 설정하는 데 어려움을 경험한다. 내담자에게 상담 목표설정의 목적과 필요성에 대해 설명함으로써 내담자가 목표설정 과정에 좀 더 적극적이고 자발적인 태도로 참여하게 할 뿐만 아니라 상담자와 내담자간의 협력관계를 강화하여야 한다.

② 상담목표 선정

상담자와 내담자간의 합의에 의하여 상담목표를 선정할 때, 장기적 목표와 단기적 목표로 나누어 생각해보면 효과적이다. 장기적 목표는 상담을 통해 기대하는 긍정적인 성과로서 포괄적인 내용을 담고 있는 경우가 많다. 이에 비해 단기적 목표는 구체적이고, 측정가능하며, 실질적인 문제해결에 기여하고, 내담자가 통제할 수 있는 범위 안에 있어야 한다. 목표를 선정하는 과정에서 상담자가 일방적으로 목표를 제시하기보다 내담자의 협조를 이끌어내는 것이 중요하다. 내담자가 상담을 통해 자신감을 얻고 싶으며, 대인관계를 개선하고 싶다는 목표를 제시하는 경우, 상담자는 내담자에게 이런 목표가 달성된다면 내담자가 무엇을 다르게 할 것인지

(예: 달라진 행동이나 태도, 사고 등)를 구체적으로 말해보도록 격려한다. 상담자의 도움에도 불구하고 목표 설정을 지나치게 힘들어하는 내담자의 경우, 목표 설정 자체가 상담초기의 중요한 과제가 될 수 있다. 이 단계에서 내담자가 제시하는 목표와 상담자가 원하는 목표를 조율하는 작업이 필요하다. 만약 내담자가 지속적으로 상담목표 설정을 어려워한다면 상담자는 내담자에게 심리적 안정을 찾도록 공감적 이해와 수용적 태도를 취하여 내담자가 스스로 자신의 문제를 기술하고 이에 상담 목표를 설정할 수 있도록 효과적으로 도와주어야 할 것이다.

③ 상담목표 수정

목표설정은 일회적인 작업이 아니라 수정 가능한 역동적인 과정이다. 목표실행 과정에서 필요한 경우 원래 정한 목표를 새로운 목표로 대체하거나 혹은 내담자의 특성과 현재 상태에 좀 더 적합한 목표를 추가시킬 수도 있다. 대개의 경우 목표달성은 순조롭게 이루어지기보다 여러 번의 시행착오 과정을 거친다. 시행착오를 통해 상담자는 내담자와 함께 좀 더 현실적이고 실현 가능한 목표와 목표달성 전략을 효과적으로 모색할 수 있다.

5) 상담의 기본원칙

비에스텍(Biestek, 1957)은 그의 저서 사회복지실천론에서 내담자와의 관계원리 7가지를 다음과 같이 말하고 있으며, 이것은 상담의 원칙으로도 널리 사용되고 있다.

(1) 개별화의 원리 : 모든 내담자는 개별적인 욕구를 가진 존재로 개별

화해야 한다. 상담자는 내담자의 특성과 개인차를 인정하는 범위 내에서 상담을 전개해야 한다. 특히 상담자의 고정관념이나 주관적 가치판단 기준에 의해 내담자의 이야기를 판단해서는 안 된다.

(2) 의도적 감정표현의 원리 : 상담자는 내담자가 감정을 자유롭게 표현하도록 의도해야한다. 이를 위해 자유롭고 온화한 분위기를 조성해야 한다. 또한 내담자에게는 최대한 편안한 자세를 유지시키며 우호적인 분위기를 만들어야 한다.

(3) 통제된 정서관여의 원리 : 상담자는 내담자의 정서변화에 민감하게 반응하고, 적절한 대응책을 마련할 태세를 갖추고 적극적으로 관여하는 자세를 갖는다. 즉 내담자의 통제된 정서에 관여하고, 정서변화, 감정의 고저에 동승해야 한다.

(4) 수용의 원리 : 상담자는 내담자를 따뜻하게 대하고 수용적이어야 하며, 내담자의 인격을 존중한다는 의사를 분명히 해야 한다. 어떤 대화에서도 내담자를 있는 그대로 인정하고 받아들여야 한다.

(5) 무비판적태도의 원리 : 상담자가 내담자의 행동과 태도, 가치관 등을 평가할 때는 객관적이고 중립적인 자세를 유지해야 한다. 특히 '나쁘다, 잘못이다'와 같은 도덕적인 판단이나 비판은 하지 않아야 한다.

(6) 자기결정의 원리 : 내담자 개인의 가치와 존엄성을 존중하고 내담자 스스로 문제를 해결할 수 있다는 자신감을 심어주어야 한다. 상담자는 내담자 스스로 의사결정을 할 수 있도록 돕는 조력자이다

(7) 비밀보장의 원리 : 상담자는 내담자와의 대화 내용을 타인에게 발설해서는 안 되며, 철저한 비밀을 유지해야 한다. 이 원리는 내담자와 상담자의 신뢰를 형성하는 중요한 요인이 된다.

2. 상담의 종류와 과정

1) 상담의 종류

학자들은 활동사태, 내담자의 연령, 문제 유형, 만나는 방식, 만나는 형태, 내담자의 문제, 상담기간 등으로 상담의 종류를 구별한다.

2) 상담의 과정

(1) 상담과정

상담과정으로는 면접 후 초기단계, 중기단계, 종결단계가 있다. 우리가 상담을 함에 있어서 매우 중요한 것이 상담과정이다. 이 과정이 없으면 상담 중에 발생할 여러 가지 우려가 생겨날 수 있으며, 또한 상담 후에도 발생할 문제 등, 여러 문제 방지를 위해 상담과정은 매우 중요하다. 전화 받는 것부터 시작해서 접수과정 또한 중요한 역할을 한다. 내담자의 기본적인 인적사항을 알아야 내담자의 문제점을 알고 상담자를 선별할 수 있고 가족사항이나 환경 등을 알고 내담자의 문제를 해결하는데 참고가 될 수 있기 때문이다. 저자의 다른 책 『심리상담의 이론과 실제』가 출간예정이라 본서에서는 상담과정을 자세히 기술하지는 않는다.

다만 대면 접수 시 숙련된 상담사가 면접을 본다면 내담자의 상태에 따라 즉각적인 판단과 심각성을 파악할 수 있기 때문에 효과적이라 볼 수 있다. 내담자의 상태에 따라 심각한 경우 병원에 의뢰하거나 보호자에게 알려야 할 경우가 있을 수도 있기 때문이다. 접수가 끝나면 시간과 장소 금액 등을 정해야 하는데 내담자와 합의하에 이루진다. 즉 오리엔테이션과 같은 것이라 생각하면 된다. 시간은 상황에 따라 상담 중, 초기, 중기, 종결단계 어느 단계에서든지 다시 시정할 수 있다. 이런 과정을 먼저 알고 있어야 우리가 상담에 접했을 경우 당황하는 일이 없을 수 있다.

(2) 상담계획 및 전략

상담초기에 상담자가 해야 할 또 하나의 과제는 상담전략, 즉 내담자의 문제해결을 촉진하기 위해 활용되는 상담방법을 선정하고 상담 전반에 대한 대략적인 계획을 세우는 것이다. 체계적인 상담계획 없이 진행되는 상담은 회기가 거듭될수록 자칫 방향성과 목적을 상실한 채 표류하기 쉽다. 상담계획은 내담자의 문제와 특성 그리고 상담목표를 고려해서 내담자 개개인에 맞게 개별화된 내용으로 구성되어야 한다. 상담계획에서 상담자가 고려해야 할 세부영역은 상담전략과 상담기간 및 회수 그리고 사례 운영 방식 등이다. 각각의 영역에 대한 설명은 다음과 같다.

첫째, 상담전략과 방법의 선정이다. 내담자의 문제와 개인적, 환경적 특성, 그리고 주어진 시간적 여건 등을 감안할 때 이 시점에서 가장 적합한 상담개입이 무엇인지 결정하는 일이다. 여기에는 인지행동상담, 정신 역동적 상담, 단기해결중심상담 등과 같은 상담의 이론적 접근의 선정과 구체적인 개입방법, 즉 변화를 촉진하기 위한 전략들(예: 긴장이완법, 역할연습, 자기주장 기술, 빈 의자 기법 등)의 선정이 포함된다. 또한 청소년 개인 상담을 할 것인지, 부모 상담을 병행할 것인지, 혹은 가족 상담으로 진행할 것인지 등도 함께 결정해야 할 사항이다.

둘째, 상담의 전체적인 기간 및 상담회수에 대한 의사결정이다. 가장 바람직한 형태는 상담초기에 상담자와 내담자 그리고 내담자의 가족이 상담기간 및 횟수에 대해 잠정적으로 합의하는 것이다. 즉 단기 상담으로 할 것인지, 장기상담으로 할 것인지, 상담회기는 일주일 혹은 한 달에 몇 번으로 할 것인지 그리고 총 몇 회 정도로 할 것인지를 함께 결정하는 것이 바람직하다. 상담기간은 내담자의 문제와 특성에 따라 개별적으로 결정하는 것이 원칙이다. 하지만 대체로 내담자의 자아강도가 높고 문제가 단순한 경우에는 단기상담으로 가능하고, 내담자의 자아강도가 낮고 전반적인 기능수준이 떨어지며 문제가 고질적이고 병력이 오랠수록 장기상담이 필요하다. 그러나 어떤 사정 때문에 상담을 단기간에 끝내야 한다면 이런 현실을 감안해서 정해진 기간 내에 달성할 수 있는 목표를 설정하고 그 목표를 달성할 수 있도록 상담계획을 수립하는 것이 필요하다.

셋째, 사례관리전략 즉, 첫 회 면접에서부터 종결까지 상담과정 전반에 걸쳐 사례를 효율적으로 운영하는 전략에 관한 결정이다. 사례관리 전략에는 상담의 구조화, 다른 상담자나 다른 기관으로의 의뢰, 위기상황이나 조기종결을 포함한 비상례적인 상황에 대한 대처 등이 포함된다. 또한 청소년상담에서는 내담자뿐만 아니라 부모와 교사가 상담과정에 개입하는 경우가 많기 때문에 청소년 주변 어른들과의 관계 설정 및 관리도 사례관리에서 중요한 부분을 차지한다. 국내에서 이루어지는 청소년상담의 경우, 목표달성에 이르지 못하고 상담이 도중에 흐지부지하게 끝나거나 심지어는 단회에 끝나는 경우가 적지 않다. 이런 실정을 감안할 때 효율적이고 체계적인 사례관리가 더욱 절실히 요청된다. 상담에 대한 청소년 내담자와 부모의 기대와 동기 수준, 이전 상담경험, 대인관계패턴, 문제해결 과정에 참여하는 태도와 방식 등을 정확하게 파악하여 상담에 대한 내담자와 내담자 부모의 동기수준과 참여도를 높임으로써 중도탈락을 막을 수 있는 방안을 모색하는 것이 필요하다.

3. 상담자의 자질

1) 전문적 자질

상담은 일반적인 대화와는 달리 내담자가 호소하는 심리적 불편이나 증상을 경감시켜주는 문제 해결적 목표, 그리고 내담자의 내면적 자유를 회복하고 자신이 가지고 있는 수많은 가능성과 잠재력을 발휘할 수 있도록 성격을 재구조화하여 인간적 발달과 인격적 성숙을 이루도록 돕는 성장 촉진적 목표를 지닌다. 상담자가 이러한 상담목표를 달성하기 위해서는 그에 필요한 전문적 지식과 경험을 미리 갖추는 것이 필요하다. 상담자의 전문적 자질이란 이러한 지식과 경험 및 이해를 충분히 갖추는 것을 뜻한다. 이러한 자질을 갖추지 않은 사람이 행하는 상담은 전문상담이 아닙니다. 상담자의 전문적 자질로는 상담이론에 관한 이해, 상담방법에 대한 이해, 상담실습 경험과 훈련 등이 있다. 아울러 인간의 다양한 심리적 문제를 해결하기 위해서 상담자는 인간관, 문제의 발생 배경, 상담과정, 상담기법을 통해 다양한 상담이론을 활용할 수 있어야 한다. 또한 내담자의 다양한 문화적 특징을 이해할 수 있어야 하며, 상담활동 자질, 상담지원 자질, 상담 기술적 자질 등을 갖추어야 한다.

2) 인간적 자질

상담시 어떠한 이론이나 기법을 사용하든 간에 상담의 실제과정에서 내담자와 직접 상호 작용하면서 내담자의 변화를 촉진해 나가는 주체는 바로 상담자 자신이다. 그러므로 상담자가 어떠한 인간적 자질을 갖추고 있는가는 상담관계 형성 및 내담자의 변화 촉진에 큰 영향을 미치게 된다. 따라서 상담의 효과에 긍정적으로 기여하는 상담자의 인간적 자질은 매우 중요하다. 상담자는 인간에 대한 깊은 관심과 원숙한 적응력, 자신과 타인의 감정인식 및 수용능력, 대화에 대한 편안함, 의미 있는 인간관계 형성 및 유지 능력, 자기 성찰적 태도 등을 두루 갖추어야 한다.

4. 효과적 상담의 6가지 기본원리

효과적 상담 즉, 내담자의 변화를 이끌어 내기 위해서는 공감적 이해를 바탕으로 격려하고, 또 격려해서 그의 가슴에 용기를 불어넣어 주어야 한다. 지금까지 상담자들은 내담자들이 삶의 질을 향상시키는 방향으로 변화하도록 돕기 위하여 다양한 연구와 경험을 통해 여러 가지 상담 원리와 방법들을 개발해 왔다. 상담자들이 다양하게 사용하는 상담기법들은 각자가 갖는 상담이론에 근거한다. 이렇게 상담이론을 개발한 상담자들은 내담자의 변화를 위한 조력에 자신의 이론에 입각한 적용이 효과가 있다는 것을 입증하였다. 반면 초보상담자들은 많은 상담이론들과 생소한 용어들로 어려움을 느끼며, 상담을 효과적으로 이끌기 위해서는 모든 상담이론들에 통달해야 하는지 특별히 어떤 상담이론과 방법을 잘 알아야 하는지 혼란스러워 한다. 최근 많은 상담전문가들은 자신의 상담 접근방식이 통합적이거나 절충적이라고 말한다. 이러한 추세는 상담전문가들이 다양한 상담이론들이 갖는 장점들을 두루 받아들여 내담자를 조력하는데 사용하고 있다는 것을 반영한다. 하지만 처음 상담을 공부하는 사람들은 먼저 다양한 상담이론을 섭렵하는 것이 필요하다. 초보상담자들은 어떤 상담 접근방식 하나에 매이는 것보다는 다양한 상담이론을 공부한 후 자신의 성격이나 인생관에 부합한 상담이론을 개발할 것을 권장한다. 초보상담자가 이러한 노력을 하면서 많은 상담경험을 한 후 상담전문가가 됐을 때 자신의 입장이 절충적이라고 말하리라고 미루어 짐작해 본다. 상담자로서 활동하며 많은 경험과 연구결과를 바탕으로 웰펠과 패터슨(Welfel & Patterson, 2005)은 효과적 상담의 기본 원리로 다음과 같은 여섯 가지 내용을 제안하였다.

1) 사회, 문화적 맥락에서 인간 행동을 이해하기

이 지침은 상담자가 사회, 문화적 맥락에서 인간 행동을 철저히 이해해서 내담자의 특별한 문제와 환경에 그러한 지식을 적용할 수 있어야 한다는 것을 의미한다.

2) 성공적 상담의 정의로서 내담자가 원하는 성숙

이 지침은 상담경험의 궁극적 목적은 내담자가 만족하게 여기는 것으로 생각하는 어떤 변화를 달성하도록 그를 조력하는 것을 의미한다.

3) 내담자 변화의 근간으로서 상담자와 내담자의 긍정적 관계

이 지침은 조력관계의 질이 내담자의 성숙을 위한 분위기를 제공하는 가장 의미 있는 단일 요인이라는 것을 강조한다.

4) 강렬한 경험으로서 상담

이 지침은 상담경험이 상담자와 내담자 모두에게 정서적으로 강렬한 영향을 준다는 것을 의미한다.

5) 상담 과정에서 적극적 파트너로서 내담자

이 원리는 효과적 상담은 내담자가 상담자와의 상호작용에 의해 촉진됨으로써 자기노출, 자기직면, 모험하기 등에 적극적으로 참여하겠다는 그의 다짐에 기반을 두고 있다는 것을 의미한다.

6) 기본적인 전문적 책임감으로 윤리적 행위

이 원리는 상담 전문직의 윤리 강령은 상담자가 내담자의 최선의 이익을 가장 높은 우선순위에 둘 것과 전문직을 위한 행동 강령의 모든 다른 절차를 따를 것을 요구한다는 것을 지적한다.

상담은 인간의 변화를 위한 활동이다. 내담자의 변화를 위해 상담자는 온몸과 정신으로 전력해야 한다. 상담자는 자신의 모든 생각, 감정, 행동이 내담자에게 영향을 준다는 것을 명심하며 상담활동에 임해야 한다.

5. 효과적 상담사의 특징

- 인간에 대한 긍정적 관심을 가지고 있다.
- 자신에 대한 이해와 수용력이 있다.
- 진실성과 공감적 이해능력, 평정심과 인내력이 있다.
- 자신의 감정과 경험에 대해 개방적이고 수용적이다.
- 자신의 가치와 신념을 잘 인식하고 있다.
- 마음이 열려 있다.
- 위험을 감수할 만한 모험심이 있다.
- 온정적이고 깊은 인간관계를 발전시켜 나갈 수 있다.
- 자신을 있는 그대로 내보인다.
- 자신이 한 행동에 대해서 책임을 진다.
- 현실적 포부를 가지고 있다.
- 개인의 성격과 행동에 대해서 호기심을 가지고 있다.
- 직관적인 통찰력을 가지고 있다.
- 유머감각이 있다.

6. 상담 실제의 훈련

상담자는 인간의 심리적, 사회적, 신체적, 종교적 문제 등을 다루는 여러 학문을 골고루 공부하고 현재의 시대 흐름과 미래의 변화를 예측하는 공부와 자신의 인격을 성장시키는 공부를 해야 한다. 또한 좋은 상담사례를 공유하고 자신의 상담사례를 발표하고 토론하는 과정을 통해 성장하며 상담에서 사용하는 대화법을 익혀야 할 뿐만 아니라 각 이론에서 독특하게 사용하고 있는 상담과정과 접근법을 실제로 경험하고 연습해보아야 한다.

1) 상담 사례 지도 받기

사례지도는 슈퍼바이저가 수련생과 함께 실제상담 사례를 축어록, 녹음, 녹화 테이프 등을 통해 보거나 들으면서 상담 진행과정에 대해 지도하는 과정이다.

2) 내담자의 변화를 위한 조력활동

상담자는 내담자의 문제파악을 정확히 한 후에 문제해결을 위한 조력활동을 한다. 상담자가 어떻게 내담자를 조력할 것인가는 상담자의 이론적 관점과 그의 지식과 경험 수준에 따라 차이를 보인다. 여기서는 상담자가 어떤 접근방식을 취하는가에 관계없이 일반적으로 내담자를 효과적으로 조력하기 위해 상담자가 유념해야 할 아홉 가지 내용을 알아보고자 한다.

(1) 공감적 이해를 견지하라

대부분의 상담자들은 내담자의 주관적 의미와 감정을 이해해서 반영해 주는 공감적 이해가 조력의 필수적인 것으로 수용하고 있다. 로저스의 인간중심치료에서는 진솔성과 무조건적 긍정적 수용 태도를 기반으로 상담자의 공감적 이해를 통해 내담자를 충분히 변화시킬 수 있다는 것을 가정한다. 공감을 상담기법으로 보건 상담자의 태도로 보건 상담자의 공감적

이해는 그 자체로 상담관계 형성뿐만 아니라 내담자가 상담자를 신뢰하고 누구에게도 얘기하지 않았던 자신의 사적 비밀을 털어놓게 하는 상담자의 가장 중요한 반응이라고 할 수 있다.

아들러는 개인이 사회적 관심이 낮으면 심리적으로 문제가 있는 것으로 보고 있다. 그는 사회적 관심을 "상대방으로 눈으로 보고, 상대방의 귀로 듣고, 그리고 상대방의 마음으로 느끼는 것이다."라고 정의해서 사회적 관심이 높은 사람이 대인관계에서 공감적 이해를 잘하는 사람으로 규정하고 있다. 이런 측면에서 볼 때 상담관계에서 상담자의 공감은 내담자에게 본보기적인 역할을 함으로써 내담자에게 공감적 이해를 가르치는 기능을 하고 있다는 것을 유추해 볼 수 있다. 즉 내담자가 그가 맺고 있는 대인관계에서 공감적 이해를 타인에게 제대로 못해주기 때문에 그가 문제해결을 잘하지 못한 사람으로 전락해서 자신의 문제를 더 심화시킨 결과를 초래했을 수 있다. 상담자는 내담자가 누구에게도 털어놓지 못한 자신만의 사적 비밀을 털어 놓게 하는 마법적인 반응인 공감적 반응을 능숙하게 사용하는 것이 필요하다.

(2) 경험을 통해 느끼게 하라

내담자의 문제해결 방법은 그가 문제에 직면함으로써만 해결할 수 있다. 놀랍게도 내담자의 문제는 대부분 주입된 가치, 즉 자신이 가지고 있으면서도 자신의 가치와 괴리된 '내사된 가치'(introjected value)로 인한 경험의 결여와 관련되어 있다. 주입식 교육이 문제인 것처럼 주입된 가치가 문제이다. 로저스(Carl Rogers)가 강조한 "경험은 나에게 최고의 권위이다"

란 말은 우리 모두에게 진실이다. 정신건강 측면에서 보면 '인간은 생각하는 갈대다'란 말보다 '인간은 경험하는 갈대다'란 말이 더 적절하다.

내가 가지고 있는데 내 것이 아니라면 문제이다. 내가 먹은 음식물이 소화되지 않고 내 몸 안에 있다면 그것은 내가 아니다. 마찬가지로 내가 가지고 있는 지식을 제대로 이해하지 못한다면 그것은 나의 지식이 아니다. 우리의 감정은 경험에서 비롯된다. 내담자가 겪는 부적절한 감정은 대부분 그가 진실로 경험하지 않고 형성된 것이다. 펄스는 "접촉에서 자각은 강렬하다"고 하였다. 유기체가 겪는 경험의 중요성을 강조한 말이다.

(3) 자신의 인간관과 성격에 부합한 상담이론을 개발하여 적용하라

상담자로서 정신역동 접근을 따르건, 행동치료 방식을 따르건, 인본주의적 접근방식을 취하건, 인지치료 접근방식을 취하건 간에 관계없이 당신이 내담자에게 적용하는 방식은 독특하다. 많은 상담자들이 취하는 주요한 상담이론들은 나름대로 인간의 행동변화에 많은 기여를 해왔다. 그리고 최근 많은 상담자들은 자신의 상담 접근방식이 다양한 상담이론들을 절충한 입장이라고 한다. 초보상담자들은 어떤 상담이론을 열심히 배워야 하는지 혼란스러울 수 있다. 이러한 혼란을 피하기 위해 다음과 같은 절차를 따라 자신의 상담이론을 개발하라.

첫째 주요한 상담이론을 섭렵하라. 주요한 상담이론은 나름대로 내담자의 변화를 위해 효과가 있다고 입증된 이론이다. 따라서 이론이 갖는 인간관, 상담기법, 장·단점 등을 철저히 이해하는 것이 중요하다.

둘째 자신의 인간관과 성격에 대해 이해하라. 상담의 주체로서 상담자는 자신의 이해를 철저히 해야 한다. 주요한 상담이론들은 개발자의 인간관과 내담자와의 경험에서 비롯되었다. 만약 당신이 훌륭한 상담이론을 개발하려 한다면 먼저 자신에 대한 이해가 이루어져야 한다.

셋째 자신의 인간관과 성격에 부합한 상담이론을 개발하라. 자신의 성격에 부합한 상담이론을 보다 철저하게 학습하여 적용하면서 자신의 상담 스타일을 개발하는 것이다. 상담자로서 당신이 로저리안(Rogerian)이라 할지라도 당신은 로저스일 수가 없다. 따라서 당신이 내담자에게 적용하는 상담 스타일은 독특하다고 할 수 있다.

(4) 상담 면접기법을 숙달하여 사용하라

상담은 과정을 강조하는 학문이다. 상담과정은 상담자가 내담자에게 하는 반응기법에 따라 좌우된다. 상담자는 자신이 적용하는 상담이론과 상관없이 상담과정에서 하는 모든 반응에 대한 철저한 이해와 숙달이 필요하다. 상담자가 상담과정에서 사용하는 반응인 상담자의 면접기법을 적절하게 사용할 수 있도록 철저한 숙달이 필요하다. 상담에 참여한 내담자는 '지금-여기 경험'에 대한 표현과 그것에 대한 상담자의 진술한 교정적 피드백(corrective feedback)을 통해 성장한다. 대인관계 심리치료를 제안한 설리반(Stack Sullivan)은 불안의 원천이 대인관계라는 것을 강조하였다.

또한 그는 치료자로서 참여적 관찰자(participant-observer)의 역할을 수행할 것을 지적하였다. 상담자는 내담자들이 성장할 수 있도록 그들에게 바람직한 피드백의 기본적 원리를 가르치는 것이 필요하다. 몇 가지 바람직한 피드백의 원리는 다음과 같다. 첫째 지금-여기에서 경험하는 내용을 피드백 하라. 둘째 과거의 일을 들추어내어 내지 말라. 셋째 '나-전달법' (I-message)을 적용하여 피드백 하라. 넷째 변화 가능성이 있는 행동에 대해 피드백을 하라. 다섯째 타고난 성격에 대해서는 피드백하지 말라. 상담자는 이러한 변화를 유도하는 기본적인 피드백 원리를 내담자가 상담회기 중 뿐 아니라 일상생활에서 실천하도록 지도하는 것이 필요하다.

학생상담을 위해 쉽게 적용할 수 있는 - 상담면접을 위한 3단계 핵심기법
① 경청하기 - 내담자로 하여금 이야기하게 하는 기법
② 감정이입하기 - 서로 연결되어 있음을 알게 한다.
③ 격려하기 - 내담자 스스로 자신감과 책임감을 가질 수 있도록 무한 격려한다.

(5) 상담기법을 적절한 시점에서 사용하라

상담자가 어떤 반응과 기법을 언제 사용하여 내담자를 조력할 것인가를 결정하는 것은 매우 중요하다. 많은 경험을 가진 상담전문가들은 상담이나 심리치료가 과학이면서 예술을 강조한다. 상담 전문직이 과학이면서 예술임을 강조하는 이유는 기법적용의 시점(timing)과 관련된다. 효과적인 상담자는 전체적 조망 속에서 조화의 미를 창조해내는 예술가처럼 상담 기법 적용의 적절한 시점을 파악하여 내담자를 조력한다. 예를 들면 상담자들은 일반적으로 충분한 지지하기를 바탕으로 내담자와의 상담관계가 형성된 후에 직면시키기 기법을 사용할 것을 권장한다.

상담자가 어떤 반응기술이나 상담기법 적용의 적절한 시점을 터득하기

위해서는 내담자와의 상담경험을 쌓는 것이 최선이다. 그리고 상담회기를 가끔 녹음하거나 촬영하여 틈틈이 자신의 반응이나 기법이 적절한 시점에서 바람직하게 이루어졌는가를 확인해 보는 것이다. 이러한 노력이 힘들게 느껴질 수 있지만 자신의 상담기술 향상을 위해 가장 좋은 피드백을 제공한다는 것을 명심하라.

(6) 현재 진행되는 경험을 다루어라

대부분의 상담자들은 '지금-여기'의 중요성을 강조한다. 즉 상담과정에 참여하고 있는 내담자에게 현재 진행되는 경험을 알아채는 것이 중요하다는 것을 강조한다. 이것은 상담자가 내담자의 모든 문제를 현재로 가져와서 다룬다는 것을 의미한다. 내담자가 과거에 가졌던 중요한 일들이나 미래에 일어날 일들을 현재로 가져와 경험하게 하는 것이다. 과거는 '기억 속의 현재'이며 미래는 '기대 속의 현재'이다. 따라서 우리에게 오직 현재만이 존재한다. 이런 점에서 선진들은 '삶은 영원한 현재다'라고 말하곤 한다. 우리에게 중요했던 과거에 일어났던 일들을 기억하고 있지만 별로 의미가 없었던 일들은 기억하지 못한다. 그리고 미래에 일어날 중요한 일들에 대해 예견하며 기대불안을 경험한다. 내담자가 기억하고 있는 사건들이 시간적으로 과거에 일어났지만 여전히 그에게 영향을 주고 있다면 그것은 기억 속의 현재이다. 마찬가지로 내담자가 기대하는 미래의 일들이 그에게 아직 일어나지 않았지만 그에게 영향을 주고 있다면 그것은 기대 속의 현재이다. 따라서 상담가 초점을 두고 다루어야 할 문제는 그가 현재 경험하고 있는 것이다.

(7) 대부분의 상담기법이 역설적임을 명심하라

상담의 궁극적 목적은 내담자가 원하고 그의 삶의 질을 높이는 바람직한 방향으로 그를 변화시키는 것이다. 내담자의 비합리적 사고를 합리적 사고로, 부적절한 정서를 적절한 정서로, 자기파괴 행동을 건설적 행동으로 바꾸는 것이다. 이러한 변화는 내담자에게 부정적인 것에서 긍정적인 것으로 바꾸는 것을 말한다. 따라서 상담을 통한 내담자의 변화는 부정적인 것 내에서의 정도의 변화를 의미하는 일차적 변화가 아니라 부정적 차원에서 긍정적 차원으로 변화하는 이차적 변화이다. 상담자가 문제를 가진 내담자로 하여금 그의 의도에 상반되는 행동을 하게 함으로써 문제해결을 가능하게 하는 것이 변화를 위한 역설(paradox)이다.

예를 들면 심한 발표불안으로 고통 받는 내담자는 발표불안을 느끼지 않으려고 발표상황을 회피하는 행동을 한다. 그의 의도는 발표불안을 줄이거나 느끼지 않는 것이다. 상담자는 내담자의 의도와 상반되는 처방인 발표불안을 더욱 강하게 체험하도록 하는 것은 내담자의 입장에서 보면 역설이다. 이러한 처방은 내담자를 곤혹스러운 딜레마에 빠지게 한다. 하지만 이러한 처방을 통해 상담자는 발표상황을 도피하는 내담자의 악순환 습관을 바꾸도록 하는 것이다. 즉 상담자는 내담자가 가지고 있는 문제나 증상을 정확하게 진단하고 알맞게 처방함으로써 내담자가 의도적으로 회피해 온 상황에 직면하도록 한다.

상담자들이 사용하는 대부분의 기법이 역설적인 이유는 내담자를 카오스(chaos) 상태에 빠지게 하여 새로운 관점에서 자신의 감정, 생각, 행동을 이해하게 하기 때문이다. 상담자가 내담자에게 사용하는 역설적 상담 기법은 그가 오관을 통한 경험에 의해 새롭게 문제를 해결하도록 한다. 요약하면 상담자는 역설을 통해 어떤 행동을 하지 않으려고 하는 내담자에게 그러한 행동을 더욱 하도록, 어떤 감정을 느끼지 않으려고 하는 내담자에게 그러한 감정을 더욱 느끼도록, 어떤 생각을 하지 않으려고 하는 내담자에게 그러한 생각을 더욱 하도록 함으로써 이전과는 다른 새로운 행동, 감정, 생각을 갖도록 하는 것이다.

(8) 내담자를 끊임없이 격려하라

우리는 누구나 살아가면서 어렵고 힘든 일을 많이 경험한다. 우리는 지금까지 어려운 일에 맞서 참고 헤쳐 온 자신을 생각하면서 대견스러워 한다. 우리는 또한 앞으로도 어려운 일들을 마주치리라는 것을 예견한다. 부적응을 경험하고 있는 사람들은 대부분 심리적으로 낙담한 상태에 있다. 또한 심리적인 문제를 가진 대부분의 내담자들은 낙담하여 좌절한 상태에서 개인상담이나 집단상담을 찾는다. 자신에게는 더 이상 희망이 없다고 포기한 상태에서 조력을 요청한다. 아들러 학파인 드레이커스(Dreikurs)는 "식물이 물이 필요하듯 인간에게는 격려가 필요하다."고 하였다.

내담자를 조력하는 아들러식 상담 방법으로 '격려치료'가 있다. 격려치료에서 상담자의 주요한 역할은 낙담한 내담자에게 용기를 불어넣은 것이다. 격려치료에서 보면 심리적으로 문제를 가진 사람은 용기를 잃고 낙담한 사람이다. 우리는 각자 크고 작은 많은 어려움에 부딪히며 삶을 영위한다. 사람들을 크게 두 분류로 나누면, 어려움에 포기하고 용기를 잃고 낙담한 사람들과 자신이 아무리 어려운 상황에 처해도 좌절하지 않고 용기를 가진 사람들로 구분할 수 있다. 정신적으로 건강한 사람이라면 끊임없이 자신을 격려하면서 용기를 잃지 않는 사람이라고 할 수 있다. 심리적으로 고통을 받고 있는 사람이라면 용기를 잃고 자신감과 책임감을 상실한 낙담한 사람이라고 할 수 있다. 그러므로 우리의 삶에 중요한 것은 용기를 갖게 하는 격려이다.

어떤 어려움에도 좌절하지 않는 용기를 가진 사람은 강한 인내심을 가진다. 심리학자 크로쯔(Krausz)는 '참아내지 못하고 포기한 사람은 환자가 된다.'(A person who is impatient remains a patient.)고 하였다. 상담자는 내담자를 격려하고, 격려하고, 또 격려하면서 그들의 가슴에 용기를 불어넣는 것이 필요하다. 격려는 내담자에게 아무리 힘이 들더라도 용기를 잃지 않도록 북돋는 것이다. 격려는 칭찬과 질적으로 다른 개념이다. 칭찬은 인간의 수행의 결과에 초점이 맞추어져 있다. 하지만 격려는 수행의 결과보다는 인간에게 초점이 맞추어져 그의 삶의 추진력을 잃지 않도록 용기를 불어넣는 것이다. 따라서 내담자가 삶이 아무리 힘들어도 포기하지 않고 헤쳐갈 수 있다는 용기를 심어주는 상담자의 격려는 내담자에게 가장 필요한 것이다. 상담자여, 내담자를 격려하고, 격려하고, 또 격려하라.

(9) 구체적인 상담목표를 설정하라

상담자와 내담자들은 함께 상담목표를 설정하여 내담자의 문제해결을 위해 노력한다. 상담 목표는 회기목표, 단기목표 및 장기목표로 구분해서 설정해야 한다. 상담 매 회기에 달성하고자 하는 목표를 구체적으로 설정하여 내담자들이 회기가 끝났을 때 회기를 통해 이번 회기에는 구체적으로 이것을 배웠다는 만족감을 갖게 하는 것이 필요하다. 항해하는 배가 정착할 항구를 찾아가는 것처럼 상담 활동을 통해 달성하고자 하는 목표가 설정되어야 한다.

먼저 내담자가 상담을 통해 달성하고자 하는 구체적인 목표가 무엇인지 확인하라. 상담자는 상담에 대한 내담자의 바람을 바탕으로 그들과 함께 달성할 단기목표와 장기목표를 설정한다. 상담자는 또한 상담목표를 달성하는데 걸리는 시간제한을 설정하여 상담을 수행해야 한다. 내담자들과의 계약을 바탕으로 시간제한을 두어 상담을 진행하는 것이 그들의 동기유발을 촉진하여 상담 목표를 달성하는데 보다 효과적이다.

7. 상담의 의미에 대한 입장들

1) 협의의 입장

상담에 대한 협의의 입장은 상담을 도움을 필요로 하는 문제를 정의적인 것에 한정하여 성격구조의 개조 과정을 돕는 활동으로 좁혀 Rogers(1942)처럼 마치 상담을 심리치료와 같이 보아 전문성을 강조한다.

2) 광의의 입장

상담에 대한 광의의 입장은 도움을 필요로 하는 문제를 정의적인 것에 한정하지 않고 정의적인 문제는 물론 인지적 문제를 포함하여 모든 문제로 넓게 보아온 윌리암스(Williams, 1939)처럼 마치 상담을 모든 문제의 해결을 돕는 활동으로 본다.

3) 소극적 입장

상담에 대한 소극적인 입장은 상담자는 상담실에서 대기하고 있다가 자신해서 찾아오는 소수의 사람들에게만 도움을 주는 소극적인 자세를 뜻한다. 이 입장은 상담의 대상은 문제를 가진 개인이고 상담의 목적은 부적응의 징후를 해소시키는 마치 병의 치료처럼 인식한다. 이런 심리치료적 모형은 비교적 초기의 것으로서 대다수의 정상인들이 직면하게 되는 광범한 발달적 문제를 무시하게 된다(이형득, 1992).

4) 적극적 입장

상담에 대한 적극적 입장은 적극적으로 개인의 발달과업 성취에 도움이 되는 다양한 활동 프로그램을 개발하여 적용함으로써 사전에 문제의 발생을 예방하는 동시에 대다수의 정상인들로 하여금 스스로의 힘으로 보다 나은 성장 발달을 촉진해 나갈 수 있도록 돕는 것이다. 이 입장은 보다 적극적으로 보다 많은 사람들에게 도움을 줄 수 있는 최근의 새로운 발달적 모형이다(이형득, 1992).

8. 상담자의 역할

1) 통찰(insight)과 자각(perception)을 할 수 있는 역량을 길러야 한다. 이에는 심리적 심성 즉, 인간의 정신기능, 심리적 과정, 심리적 표시에 대한

관심의 흥미가 요구되며 어느 정도 객관성이 요구된다.

2) 공감하는 역량을 길러야 한다. 즉, 자신을 내담자의 입장에 놓고서 지금 내담자가 무엇을 느끼고 있는지를 느끼고 경험할 수 있어야 하며, 그 후 이 과정을 역전시켜 상담자로 되돌아 와서 내담자의 입장에서 느꼈던 것을 돌이켜 보아야 한다. 이러한 공감은 내담자의 느낌을 마치 자신의 느낌처럼 받아들이고 그런 상태가 오래 지속되는 동일시와는 다른 것이다.

3) 관찰력이 있어야 한다. 이는 내담자의 말을 경청할 뿐만 아니라 내담자의 비언어적 행동적 표현, 사고과정의 순서, 내담자가 생각하고 있는 문제, 또 상담자 자신 및 자신의 반응까지도 미시적인 동시에 거시적으로 관찰할 수 있는 능력을 말한다.

4) 미성숙한 사람은 여러 가지 사고의 장애나 왜곡을 경험하게 되므로, 상담자도 그러한 방식으로 사고할 수 있도록 상담자 자신도 심리적으로 퇴행할 수 있어야 한다. 또한 이 퇴행을 다시 역전시켜 퇴행적 사고 동안의 경험을 합리적인 사고에 의해 관찰하고 평가할 수 있는 역량을 길러야 한다.

5) 상담자는 면접에 임하는 데 있어서 내담자가 자신의 마음을 다 털어 놓을 수 있게끔 잘 들어주는 환기(feedback)적 경청을 해야 한다.

6) 상담자는 내담자에게 불안과 죄책감을 야기 시키는 괴롭고 고통스러운 기억이나 경험을 촉발시킬 수 있어야 한다. 즉, 이러한 것을 끄집어 내는 것을 꺼려하거나 스스로 부당한 죄책감을 느끼지 않게 되어야 하며, 내담자의 이 같은 고통스러운 정서적 반응을 견딜 수 있어야 한다.

7) 내담자는 전이반응으로 인해서 상담자를 그릇되게 지각하거나 왜곡된 상담자 영상을 갖는 경우가 많다. 이러한 경우 상담자는 자신의 왜곡된 영상이나 지각을 고쳐주려고 하는 개인적인 필요성을 느끼지 않고 불

쾌감이나 불안감 없이 내담자의 전이를 참고 견딜 수 있어야 한다.

8) 내담자가 일반적인 요구나 비현실적인 기대를 해 올 경우에 내담자가 퇴행하여 자기 자신에만 사로잡혀 다른 사람을 고려하는 것이 어렵게 되었기 때문임을 인식하고, 내담자의 그러한 요구나 기대를 수용하고 인내할 수 있어야 한다.

9. 상담의 전제조건

A. 상담이 운영되기 위한 전제 조건은 다음과 같다.

1) 민주사회와 개개국가의 필요와 가치체계에서 도출된 일정한 목적을 갖고 있어야 한다.

2) 각 개인의 인간적 존엄성과 가치 및 다양성을 존중한다.

3) 교육의 중요 영역으로 인정되어야 한다.

4) 인간의 행동을 연구하는데 과학적 방법을 도입한다.

5) 근본적인 개선(remediation)보다는 예방(prevention)을, 예방보다는 한 개인의 전인적 발달(development)을 중요시한다.

6) 상담은 한 개인이 최대로(maximum) 그리고 최적으로(optimum) 발달하고(improve), 성장하고(grow), 성숙(mature)하도록 돕는 것이다.

7) 상담자(지도자)의 인간성과 지도력에 크게 영향을 받는다.

8) 집단지도(team effort) 활동으로 이해해야 한다.

9) 전문적 훈련을 필요로 하는 활동이다.

B. 개인상담의 전제조건으로서 다음과 같은 사항이 있다.

1) 모든 사람은 성장과 적응을 위한 그 나름대로의 가능성을 지닌 역동적 존재이다.

2) 모든 사람의 인성과 행동은 그의 선천적 소질과 후천적 환경의 상호작용 또는 복합적 결과이다.

3) 모든 사람은 고정적 존재가 아니라 과정적 존재이다.

4) 모든 사람은 선택, 의사결정, 관여에 있어서 전문적인 도움을 필요로 한다.

5) 각 개인의 인성이 개량되고 적응력이 신장될 때 그 개인과 그가 속한 조직 및 사회도 개선될 수 있다.

6) 학교교육은 장학행정 영역, 교과지도 영역 및 생활지도상담 영역이 조화를 이룰 때 최선의 상태를 유지한다.

7) 전인교육을 위해서는 환경과의 조화, 개인의 인격적 균형이 필수적이다.

8) 현대의 사회문제는 교육 특히 상담 영역에서 그 개선의 단서를 찾아야 한다.

10. 상담자의 윤리, 윤리요강의 기능

1) 상담자가 직무수행 중의 갈등을 어떻게 처리해야 할지에 관한 기본 입장을 제공 한다.

2) 상담자의 의무를 분명히 하고 이러한 의무를 이행하도록 함으로써 내담자를 보호한다.

3) 각 상담자의 활동이 전문직으로서의 상담의 기능 및 목적에 저촉되지 않도록 보장한다.

4) 상담자의 활동이 사회윤리와 지역사회의 도덕적 기대를 존중할 것임을 보장한다.

5) 상담자로 하여금 자신의 사생활과 인격을 보호하는 근거를 제공한다.

11. 상담의 윤리문제와 관련된 상담자의 자질

1) 상담자는 내담자의 복지를 최대한으로 보장하기 위해 내담자의 요구를 우선적으로 다루어야 하며, 내담자의 복지를 위해 최선을 다하는 태도가 필요하다. 때때로 내담자의 요구와 상담자의 요구가 상충될 경우가 많다. 상담자는 가능하면 내담자의 요구를 우선으로 서비스해야 한다.

2) 내담자가 상담자에게 털어놓는 정신적 고충·가족관계·외상·생활문제·갈등 등에 관해 상담자는 의무감을 가지고 비밀을 보장해 주어야 하며, 내담자 개인 및 사회에 피해가 가는 경우나 전문적 목적으로 비밀이 공개될 수 있는 조건에 대해서도 충분한 지식과 자문을 받는 것이 필요하다. 그래서 상담자는 내담자의 방문조차도 가능하면 다른 사람에게 개방되지 않도록 배려가 필요하다. 예를 들어 상담과 상담시간간격을 조금 벌인다거나 로비에 소파를 두기보다는 대기실은 따로 마련하여 내담

자나 함께 온 가족이 안정감을 가질 수 있도록 한다.

3) 상담자는 필요시에 내담자의 요구나 기대, 내담자의 문제해결에 도움을 줄 수 있는 적절한 상담자나 기관으로 의뢰할 수 있어야 한다. 이 부분은 상담자나 상담기관운영자의 윤리의식이 더욱 필요하다. 어떤 경우에도 기관의 필요가 아니라 내담자의 요구에 맞추어진 상담이 계획되어야 한다. 예를 들어 내담자에게 놀이치료가 더 필요하다고 판단하면서도 놀이치료를 할 수 있도록 계획하지 않고 기관에서 미술치료 자리가 남았다고 해서 미술치료를 권하는 일은 결코 없어야 한다.

4) 상담자는 상담자와 내담자 사이에 발생하는 전이와 역전이를 효과적으로 다룰 수 있도록 자신의 정서 상태를 안정되고 객관적으로 유지, 조절하는 능력이 필요하다. 상담자와 내담자 사이에 정서적 갈등이 잘 해결되지 못하고 빈번히 일어난다면 상담자는 내담자가 더 상처받기 전에 그 상담을 내려놓는 것이 좋다. 상담관계는 보통 대인관계와는 차원이 다른 치료적 관계로서 상담의 의미가 없다고 생각될 때는 자신의 이익을 고려하기 보다는 내담자의 불이익을 고려하여 그 상담을 멈추고 다른 상담자나 기관에 의뢰하는 윤리의식이 필요하다.

5) 상담자는 자신의 한계를 돌아보고 전문적인 지식과 기법, 정보에 부족함이 없도록 끊임없이 공부하고 노력해야 한다. 특히 상담자는 자기통합을 위한 집단상담과 수퍼비전을 주기적으로 받는 것이 필요하며 자신을 위한 치유와 성찰의 시간을 따로 가져야 한다.

12. 10가지 심리상담 방법론

1. **정신분석요법(Psychoanalytic Approach)**
   * 이론가 : Freud, Jung, Adler, Sullivan, Rank, Fromm, Horney, Erickson.
   * 최초의 심리요법과 정신분석학이며, 성격이론으로서 정신치유법, 인격이론, 철학적 체계이다.

2. **대상관계이론상담(Object Relations Theory)**
   * 이론가: 멜라니 클라인(M. Klein), 말러(Margaret Mahler), 페어베언(W. Fairbairn), 위니캇(D. Winnicott).
   * 프로이트(S. Freud)의 정신분석적 욕동모델이 대상관계이론의 관계모델로 확장되었다.

3. **인본주의(실존주의)상담(Existential Humanistic Therapy)**
   * 이론가 : May, Maslow, Frankl, Jourard.
   * 정신분석요법과 행동요법의 반동으로 심리학의 제3의 세력의 실존주의로서 정신분석 학파와 행동주의 반동으로 발달되었다. 두 가지 요법은 인간 연구에 바르지 못하다고 주장함.

4. **내담자 중심상담 요법(Client-Centered Therapy)**
   * 이론가: 칼 로저스
   * 정신분석의 반동으로(1940년대), 비지시적상담, 인간경험의 주관적 견해에 근거하여, 문제를 다루는 동안 내담자를 더욱 신뢰하고 내담자에

게 더 큰 책임을 부여한다.

5. 형태주의상담 게슈탈트(Gestalt Therapy)

* 이론가: 프리츠 펄스(Fredrick Perls)
* 분석요법의 반동으로 인식과 통합을 강조하는 경험적인 요법이다, 몸과 마음의 기능을 통합하려 한다.

6. 대인관계(교류)분석 상담(TA : Transactional Analysis)

* 이론가: 에릭 버언(Eric Berne)
* 인식, 행동 강조, 과거에 만든 결정(각본)을 현재의 적합성에 맞게 적용하고 평가할 수 있도록 내담자를 돕는다.
* 계약과 결단을 중요시한다. 과거결정에 의해 새로운 결정할 수 있는 능력을 강조한다.

7. 행동주의상담(Behavior Therapy)

* 이론가: 왓슨, 파블로프, 스키너, 울프, 아이젠크, 라자러스, 쏠터
* 학습 원리를 특수한 행동장애의 해결에 적용하며 그 결과들을 계속적으로 실험에 종속함. 이 상담기술은 끊임없이 수정되고 있다.

8. 합리(정서)요법(RET : Rational-Emotive Therapy)

* 이론가: 알버트 엘리스(Albert Ellis)
* 고도의 교육적, 인지적 치유방법, 행동중심적인 치유모델로 인격적인 문제의 근원으로 사고와 신념체계의 역할을 강조, 교훈적이고, 지시적이

며, 감정보다 사고의 영역에 관점.

9. 현실요법(Reality Therapy)

* 이론가: 윌리암 그래서(William Glasser)
* 전통적인 치유방법의 반동으로 창안됨. 단기상담에 중점을 두고 현재의 초점을 맞춘다. 인격자원과 능력들을 강조하고, 근본적으로 더 현실적인 행동을 배우게 하여 성공적인 삶의 패턴을 만들어 주려고 한다.

10. 기독교 상담학

* 이론가: 아담 스미스(Adam Smith), 폴 투르니에(Paul Tournier), Gary Collins
* 참고 도서: 폴 투르니에(Paul Tournier)-기독교 심리학
* Gary Collins, How to Be a People Helper(게리 콜린스, 훌륭한 상담자)
* 래리 크랩의 효과적인 성경적 상담자(Larry Crabb, Effective Biblical Counseling)
* 제임스 파울러-신앙의 발달단계/기독교 교육연구 시리즈 제8권/한국장로교출판사

13. 심리정신의학자들의 이론적 관점

우리는 삶의 주체로서 우리에게 일어나는 모든 사건이나 가지고 있는 문제를 해결할 책임이 있다. 하지만 자신의 관점에서만 문제의 원인이나

해결의 노력을 하려고 한다면 제한적일 수 있다. 다음은 각 시대별 심리 정신의학자들의 이론과 관점을 요약해 놓은 것이다.

1) 프로이드의 관점 : 인생 초기 경험 중요. 과거에 억압된 갈등의 경험이 무의식화 됨. 내담자의 문제를 이해하기 위해서는 무의식을 이해해야 함.

정신분석 : 의식의 수준(무의식, 전의식, 의식), 성격의 구조(원초아, 자아, 초자아), 심리성적 발달단계(구강기, 항문기, 오이디푸스기(남근기), 잠복기, 생식기), 불안, 방어기제, 자유연상, 꿈해석, 정화, 전이 및 역전이, 저항, 해석

2) 아들러의 관점 : 인생 초기에 형성된 생활양식 중요. 긍정적 자질 개발/목적의식과 노력 변화 가능, 열등감은 성취를 위한 초석,

개인심리학 : 열등감과 보상, 우월성의 추구, 사회적 관심, 생활양식조사(초기기억, 가족구도, 기본적 오류, 자질), 인생과제(사회적 관심, 사랑/결혼, 일/직업, 자기지향, 영성), 증상처방, 단추 누르기 기법, 마치~처럼 행동하기, 격려하기, 재정향

3) 융의 관점 : 정신적인 내적 갈등 중요. 타고난 본성의 소리에 귀 기울이는 것이 중요. 정신에 대한 자기분석 필요.

분석심리학 : 집단무의식, 개성화, 원형(페르소나, 아니마와 아니무스, 그림자, 자기 등), 단어 연상법, 증상분석법, 꿈 분석, 심리적 유형(외향성 대 내향성, 사고/감정, 감각/직관)

4) **스키너의 관점** : 잘못된 학습에 의한 습관. 행동형성은 반응 강화. 문제행동 파악/평가/체계적 조작적 조건형성 절차 적용/행동변화

  행동치료 : 강화, 강화계획, ABC분석, 토큰경제법, 타임아웃, 처벌

5) **로저스의 관점** : 긍정적 존중의 욕구 충족, 가치화 과정에서의 조건화가 문제 원인. 진솔/공감/무조건적 긍정적 존중이 내담자를 변화시킴.

  인간중심치료 : 경험 강조, 가치의 조건화, 상담자의 중요한 특성(진솔성, 공감, 무조건적 긍정적 존중)

6) **펄스의 관점** : 유기체의 지혜 무시. 오관을 통한 경험 자각. 민감한 자각을 통한 게슈탈트의 순환. 자기고문 게임을 종결하고 자신을 통합.

  게슈탈트 치료 : 미해결 된 일, 접촉경계 장애(내사, 투사, 반전, 편향, 합류), 강자약자, 자기고문게임, 과장하기, 빈 의자 기법

7) **얄롬의 관점** : 삶의 궁극적 관심사 죽음/무의미성/고립/자유, 불안 처리, 실존적 존재로서 궁극적 관심사를 자각하고 직면.

  실존주의 : 궁극적 관심사(죽음, 무의미성, 자유, 고립), 실존주의 상담에서 보는 네 가지 세계(주변세계, 공존세계, 고유세계, 영적세계)

8) **프랭클의 관점** : 삶의 의미를 추구하는 의지를 상실. 인간은 자기분리와 자기초월을 할 수 있는 능력 소유. 역설적 의도와 탈 숙고를 통해 불안과 공포의 악순환의 고리를 끊음. 삶의 의미 추구 중요.

  의미치료 : 의미의 원천(일, 사랑, 고통, 과거, 최상의 의미), 역설적 의

도, 탈 숙고

9) 글래서의 관점 : 자신을 불행하게 하는 행동 선택. 욕구에 따른 정말 원하는 것이 무엇인가를 확인하는 것이 중요. 욕구 추구를 위한 계획 실천. 행복추구를 위한 현실적인 행동 선택 실천하는 것은 내담자의 통제와 책임.

현실치료 : 기본적 욕구(소속감, 힘, 자유, 흥미, 생존), 전체행동(행동하기, 생각하기, 느끼기, 생리적 행동), 현실치료 과정(WDEP), 상담자 태도(변명 불수용, 처벌금지, 포기하지 않음), 선택이론

10) 엘리스의 관점 : 일어난 사건이 아니라 비합리적인 신념. 인간은 불완전한 존재, 자신/타인/조건에 대해 당위적으로 기대하고 요구하는 생각이나 신념이 문제, 정서적 장애 해결을 위해서는 냉정한 이성에 입각한 비합리적 신념을 합리적 신념으로 바꾸는 것. 신념은 감정에 영향을 미침.

인지/정서/행동치료 : 비합리적 신념, 성격의 ABC 이론, ABCDEF 치료적 접근, 다양한 인지, 정서, 행동기법

11) 에릭 번의 관점 : 과거에 받았던 어루만짐에서 비롯. 자신의 성격을 이해하고 대인관계에서 주고받은 의사소통의 유형과 게임을 분석. 타인과 의사소통하는데 나도 당신도 이만하면 괜찮다는 자세 필요

교류분석 : 세 가지 자아 상태(부모, 성인, 아동), 기본적 심리적 욕구(자극갈망, 인정갈망, 구조갈망, 입장갈망), 인생각본, 네 가지 분석방법(구조분석, 교류분석, 게임분석, 각본분석), 이고그램 분석

12) **벡의 관점** : 부정적인 자동적 사고와 인지적 왜곡. 생각이 감정과 행동을 결정. 개인은 자신/타인/세계를 올바른 가정에 기초한 견해를 갖는 것이 중요. 우울과 같은 부정적 정서를 다루기 위해서 편견/인지왜곡을 제거해야 함.

인지치료 : 스키마, 중재적 신념, 핵심신념, 자동적 사고, 인지적 왜곡, 특별한 의미 이해하기, 절대성에 도전하기, 재귀인하기, 인지 왜곡 명명하기, 흑백 논리 도전하기, 파국에서 벗어나기, 장점과 단점 열거하기, 인지적 예행연습

Chapter 2.
정신분석 상담이론

1. 정신분석이론의 개념과 특징

S.프로이드에 의해 창시된 정신분석은 공상, 연상 따위를 분석하여 인간의 정신 영역 안에 있는 무의식의 영역을 밝혀 내려하는 학문의 한 종류이다. 정신 분석의 가장 기초에 있는 개념은 '억압된 심적, 외상적 기억의 저장고로서 무의식이라는 것이 있고, 이 무의식은 항상 의식의 사고와 행동에 영향을 미친다.' 라는 개념이다. 프로이드는 무의식이 인간정신의 가장 크고 깊은 심층에 잠재해 있으면서 의식적 사고와 행동을 전적으로 통제하는 힘이라고 생각하였다. 전의식과는 달리 무의식은 전혀 의식되지 않지만, 사람들의 행동을 결정하는 주된 원인이 된다. 인간의 모든 생활경험은 잠시 동안만 의식의 세계에 있을 뿐 주위를 다른 곳으로 바꾸거나 시간이 지나면 그 순간에 의식의 경험들은 전의식을 거쳐 깊은 곳으로 들어가 잠재하게 되는데 이를 무의식이라고 보았다. 즉 의식 밖에서 억압되는 어떤 체험이나 생각은 소멸되는 것이 아니라 무의식 속으로 들어가 잠재하여 그 개인의 행동에 강력한 영향력을 행사한다.

억압된 생각이나 체험 혹은 그 밖의 잠재된 경험들은 생물학적 충동이나 어떤 일과 연상되어 나타나면 현실에서 불안을 일으키고 다시 밑으로 밀려나 끝없는 무의식적 갈등이 된다고 한다. 이러한 무의식적 갈등을 분석하여 환자를 치료하는 정신분석학적 방법은 초기에 최면술로 시도되었으나, 후에 자유연상법으로 억압된 무의식을 의식화하였으며 이로써 프로이드는 무의식이 추상적인 것이 아니라 증명될 수 있고 제시될 수 있는 현실이라고 주장했다. 그는 40여 년간에 걸쳐 자유연상방법으로 무의식을 탐구했고 최초로 포괄적이 성격이론을 발전시켰다. 프로이드는 그의 이론을 문학 평에 적용하였는데 인간의 대부분의 행동이 무의식의 힘에 의하여 유발된다는 사실을 증명하였다. 그의 경험과 이론에 의하면 정신은 모든 인간 행동의 기초(the basis of all human behavior)가 되며, 개인의 정신생활과 적응 과정에서 억압된 충동, 내적 갈등, 그리고 아동기의 정신적 외상들과 같은 의식적 영향력이 중요한 역할을 한다고 본다. 프로이드가 환자의 치료를 통해 처음으로 발견한 것은 '억압(Repression)'이라는 정신 현상의 존재인데, 이는 의식이 받아들이거나 인지하기에 너무 부담스럽거나 고통스러운 사물이나 사건은 선별적으로 그리고 무의식적으로 망각해 버린다는 것이다. 당시에 프로이드가 확인한 것은 성욕을 이렇게 억압하는 것이 바로 노이로제를 일으킨다는 것이었다. 그래서 인간의 성 본능에 대해 관심을 가지고 연구하게 되었으며, 이것이 인간 성격 발달의 시작이라고 할 수 있다. 프로이드는 영 유아기에서부터 인간의 정신-성(Psycho-sexuality)이 어떻게 발달해 가는가 하는 점을 연구하게 된 것이다. 정신분석은 인간의 정신을 탐구하는 하나의 방법이기도 하고 인간의 정신을 치료하는 치료기법이기도 하다. 또 프로이드 학파가 이루어 놓은 경험적 지식체계를 일컫기도 한다.

한편, 인간의 정신 과정은 대체로 무의식적이며 인간의 모든 행동은 리비도(Libido,성적 에너지 또는 성욕)에 의해 유발된다는 두 전제에 입각해 있다. 그가 이러한 전제 위에 만든 도표에 의하면 인간은 이드(id)와 자아(ego) 및 초자아(superego)라는 3종의 정신대를 지니고 있는데, 이드는 전적으로 무의식이며, 자아와 초자아만이 부분적으로 의식의 정신 과정에 놓여 있다. 이드는 리비도의 저장소이며, 모든 정신적 에너지의 원천으로 쾌락원칙(pleasure principle)에 따라 본능적인 욕구를 만족시킬 뿐, 사회적 질서나 도덕과 같은 가치 관념과는 관계없이 제멋대로 움직이는 무서운 힘을 가지고 있다. 이드는 사회적인 제약을 돌보지 않고 제멋대로 활동하는 무의식적인 요소이기 때문에, 개인과 사회를 보호하기 위해 그것을 제어하는 정신적인 요인이 요구되는데 이것이 곧 자아이다. 자아는 이드와 같이 강력한 생명력을 지니고 있지는 못하지만, 이드의 본능적 충동이 파괴적 행동을 유발시키지 않도록 통제하는 데 그 기능이 있다. 이드는 길들지 않는 열정으로 향하는데 반해, 자아는 이성과 신중을 지향한다. 쾌락원리에 따라 움직이는 이드와 달리, 자아는 현실원칙(reality principle)에 따라 움직이는 것으로서 내적 세계와 외적 세계를 연결하는 중재자 역할을 한다. 자아가 이드를 통제하고 개인을 보호하는 기능을 지니고 있다면 초자아는 사회를 보호하는 기능을 지니고 있다. 초자아는 도덕적인 모든 제약의 대표, 즉 완전성을 추구하는 충동의 옹호자로서, 우리가 인간 생활에서 보다 차원 높은 것이라고 일컫는 바에 대해 심리적으로 이해할 수 있게 하는 것이라고 한다. 초자아는 사회의 윤리 도덕의 핵심으로서 성욕 도착증이나 오이디푸스 본능과 같은 것을 통제하는 기능을 지니는데 이는 주로 부모의 교육을 통해 형성된다.

2. 정신분석이론의 심리성적 발달 단계

1) 이론의 중심 개념

프로이드는 심리학자로서 그가 펼치는 이론에 있어서 중심개념은 의식과 무의식의 관계에서 무의식의 차원을 강조하고 있다. 이 무의식은 성적 본능의 지배하에 발현하는 것으로 보았으며, 이를 토대로 그는 단계적인 심리 성적 성격이론을 발전시켰다.

2) 발달 단계별 특성

프로이드는 인간의 성격은 명확하게 구분할 수 있는 5단계를 거쳐서 발달한다고 보았다. 각 단계마다 정신(원초아, 자아, 초자아)이 각기 다른 자각 수준(의식, 전의식, 무의식)에서 그 기능을 담당한다고 보았다.

① **구강기(0-1세)** : 이시기 아동의 리비도는 입, 혀, 입술 등 구강에 집중되어 있으므로 먹는 행동을 통해 만족과 쾌감을 얻는다. 이 시기에 만족을 못하면 항문기로 넘어가지 못하고 고착되어 빠는 것에 집착하게 된다. 예)손가락 빨기, 과음, 과식, 과도한 흡연, 수다, 손톱 깨물기 등의 현상이 나타날 수 있다.

② **항문기(1-3세)** : 이시기 동안 아동의 성적 관심은 항문 부위에 모아지며 대소변을 통해 쾌락을 느낀다. 이때 아동은 배설물에 관심과 흥미를 갖게 되는 시기이다. 이시기 배변훈련을 받게 되는데 조급하거나 억압적으로 시키면 성인이 되어서도 항문기 고착현상이 나타난다. 지나치게 깨

끗한 것을 추구하는 결벽증과 무엇이나 아끼고 보유하려는 인색함이 나타난다.

③ **남근기(3-6세)** : 이시기는 정신 에너지를 성기에 집중시켜 성기를 가지고 놀며 쾌락을 느낀다. 이때 심리적 변화가 크게 일어난다. 남아는 오이디푸스 콤플렉스(oedipus complex)를 경험하게 되고 여아는 엘렉트라 콤플렉스(electra complex)를 겪게 된다. 남아는 거세불안(castration anxiety)을 유발시킬 수 있고, 여아는 남근을 선망(penis envy)하게 된다. 그러나 아동들은 자기 부모와 동일시함으로 적절한 역할을 습득하여 양심이나 자아 이상을 발달시켜 나간다.

④ **잠복기(6-12세)** : 다른 단계에 비해 평온한 시기로 성적욕구가 억압되어 성적 충동 등이 잠재되어 있는 시기이다. 반면 지적 탐색이 활발하게 이루어진다. 지적활동에 에너지를 집중시킨다.

⑤ **생식기(12세 이후)** : 앞 단계에 잠복되어 있던 성 에너지가 무의식에서 의식의 세계로 나오게 된다. 신체적, 생리적 능력 역시 갖추고 있는 시기이다. 이 시기를 순조롭게 넘긴 청소년은 이타적인 사람으로 성숙하게 된다.

3. 에릭슨의 심리사회 발달단계

1) 에릭슨 이론의 중심개념

에릭슨의 인간발달 8단계이론은 프로이드의 정신분석이론에 뿌리를 두고 있다.

첫째, 프로이드는 어린 시절의 꿈과 사고, 기억의 분석을 통해서 이루어진 이론으로 원초아를 중시한다. 반면 에릭슨은 사회적 경험을 통해 이루어진 자아 분석 이론이다.

둘째, 프로이드는 다섯 단계의 성격 발달 이론 제시하고, 세 단계에 걸쳐 성인이 되고 성격형성은 종결된다고 보았다. 반면 에릭슨은 여덟 단계의 성격 발달 이론을 제시하였고, 성인이란 발달이 완료된 상태가 아닌 과정의 한 상태에 해당된다고 보았다.

셋째, 출생 후 아동이 겪는 경험이 중요하다는 사실에는 일치한다. 그러나 프로이드는 리비도에 의한 성격발달을 말한 반면, 에릭슨은 성격이 부모와 사회와의 관계 속에서 이루어진다고 보았다.

에릭슨은 인간의 발달을 8단계로 나누고 각 단계별로 극복해야 할 위기(developmental crisis)와 발달 과업을 제시하였다. 이 위기 동안 발달 과업의 성취여부를 양극(polarity)의 개념으로 설명하였다. 발달과업의 성취여부에 따라 발달의 위기 극복의 여부가 좌우된다.

2) 발달 단계의 특성

① 제1단계(0-1세) : 기본적 신뢰감 대 불안감

이시기 세상을 안전하고 믿을 수 있는 곳이라 생각하는 기본적인 신뢰감이 형성된다. 이것은 생의 의욕과 긍정적 세계관을 기르는데 기초한다. 그러나 아기를 다루는데 부적절하고 부정적으로 하면 아기는 세상에 대해 공포와 의심을 가진다.

② 제2단계(1-3세) : 자율성 대 수치심과 회의

자기의 요구에 따른 자율과 독립의 기초가 마련되면 어린이는 세계에 대해 적극적이고 능동적인 신체 활동과 언어의 사용이 증가된다. 이를 자발성의 요구라고 한다. 그러나 그렇지 못하면 심한 죄책감을 갖게 된다. 질문과 탐색활동이 잦아진다.

③ 제3단계(3-5세) : 주도성 대 죄책감

부모의 신뢰감을 얻게 되고 자신의 욕구를 처리하는 데 필요한 자율감을 발달시키면 어린이는 독립하고자 한다. 이때 스스로 할 수 있는 것을 허용하고 격려하면 자율성을 형성하게 된다. 이것은 독립심과 존중감을 기르는데 기초가 된다. 그러나 적당한 감독과 제재가 필요하다. 그렇지만 지나치면 자신의 능력을 의심하고 수치심을 갖게 되어 심한 자기 회의에 빠지게 된다.

④ 제4단계(5-12세) : 근면성 대 열등감

지적 호기심과 성취동기에 의해 활동이 유발된다. 성취기회와 성취 과업의 인정과 격려가 있다면 성취감이 길러진다. 그러나 그렇지 못하면 좌절감과 열등감을 갖게 된다.

⑤ 제5단계(청소년기) : 정체감 대 정체감 혼미

자신이 어떤 사람이 될 것인가에 대해 깊은 관심을 갖게 된다. 그래서 심리적 혁명이 마음에서 일어난다. 끊임없는 자기 질문을 통해 자신에 대한 통찰과 자아상을 찾기 위한 노력을 하게 된다. 그 결과 얻는 것이 자아 정체성(ego-identity이다.) 이것이 형성되지 못하고 방황하게 되면 역할 혼란(role confusion) 또는 자아 정체성 혼미(identity diffusion)가 온다. 이는 직업 선택이나 성 역할 등에 혼란을 가져오고 인생관과 가치관의 확립에 심한 갈등을 일으킨다.

⑥ 제6단계(청년기) : 친밀감 대 고립감

청소년기에 자아 정체감이 확립되면 자신의 정체성을 타인의 정체성과 연결시키려고 조화시키려고 노력하게 된다. 자신의 고립을 배우자, 부모, 동료 등 사회의 여러 다른 성인들과의 친밀감으로 극복하고자 한다. 그렇지 못하면 고립된 인생을 영위하게 된다.

⑦ 제7단계(장년기) : 생산성 대 침체성

다른 성인들과 원만한 관계가 성취되면 중년기에는 자신에게 몰두하기보다 생산적인 일에 몰두하고 자녀 양육에 몰두한다. 이것이 원만하지 못하면 어릴 때와 마찬가지로 자신에게만 몰두하고 사회적, 발달적 정체를 면하지 못한다.

⑧ 제8단계(노년기) : 통합성 대 절망감

통합성은 인생을 그래도 인정하고 받아들여 인생에 대한 통찰과 관조로 자신의 유한성을 인정하고 죽음까지도 수용하는 것을 의미한다. 그렇지 못하면 인생의 짧음을 탓하고 불가능함에도 불구하고 다른 인생을 시도해 보려고 급급한다. 급기야 생에 대한 절망에서 헤맨다.

4. 안나 프로이드의 방어기제론

1) 서론

인간은 외부세계의 위협으로부터 자아를 보호하려는 심리의식이나 행위를 표출한다. 이는 약한 자아를 방어하려는 본능적 행동이라 할 수 있다. 이러한 자아방어에 대한 이론을 처음 과학적으로 연구한 학자는 지그문트 프로이드(Sigmund Freud)이며, 그의 막내딸 안나 프로이드(Anna Freud)는 방어기제 이론을 체계적으로 수립하였다. 안나 프로이드(Anna Freud)는 아버지 지그문트 프로이드를 평생 우상처럼 숭배하였고, 아버지로부터 정신분석 수업을 받은 이후 결혼조차 마다한 채 프로이드의 비서이자 동료이며, 대변자이자 수호자로 활동하였다.

때문에 평론가들은 정신분석의 발전사에 관한 안나의 학술논문 역시 그녀의 독자적인 작품이라기보다는 아버지 이론의 번역으로 취급할 정도였다. 안나 프로이드의 저자인 『자아와 방어기제』(The Ego and The Mechanisms of Defense)에 대해서도 후기 프로이드의 유산이라는 공격을 받기도 하였다. 이는 둘의 업적을 분리할 수 없을 정도로 프로이드와 안나 프로이드의 관계가 너무나 밀착되어 있었음을 시사해 준다. 안나 프로이드의 생애에 대해서는 별도의 내용으로 정리하기로 하고 다음에서는 안나 프로이드의 방어기제 이론의 주요개념인 불안과 방어기재에 대하여 살펴보고, 방어기재에는 어떠한 것들이 있으며, 각각의 방어기제는 심리적으로 어떻게 작용하는지 살펴보고자 한다.

2) 방어기제 이론의 주요 개념

(1) 자아

자아는 외부의 현실을 고려하여 환경에 순응하거나 아니면 환경을 지배함으로써 필요로 하는 것을 얻어나가는 심리 체계라 할 수 있다. 잘 순응한 사람의 경우에 자아는 인성의 집행자가 되어 이드와 초자아를 통제하고 지배하며, 인성 전체와 그의 광범위한 욕구를 위해 외부세계와의 관계를 유지한다(Calvin S. Hall, 1993:38).

(2) 불안

방어기제와 관련된 불안의 개념은 지그문트 프로이드에 의해 수립되었다. 그에 의하면, 용납할 수 없는 본능적 충동이 자아의 영역을 침범하려고 위협할 때 자아는 위험을 느끼게 되지만 그 위험이 내적인 것이기 때문에 자아는 도망칠 수 없으며, 이에 따라 정신이 위협받고 있다는 것을 알리는 신호인 불안이 생기게 된다는 것이다. 그러므로 불안의 기능은 위험을 경고하는 것이 된다. 지그문트 프로이드는 자아를 위협하는 근원인 외부환경, 원초아, 초자아로 인해 각기 야기되는 현실적 불안, 신경증적 불안, 도덕적 불안 등의 세가지 유형의 불안을 설명했다.

첫째, 현실적 불안은 현실적 근거가 있는 객관적인 불안으로 일종의 두려움이다 즉, 외부 세계의 위험을 지각함으로써 야기되는 정상인의 고통스러운 정서적 경험을 이야기 한다.

둘째, 신경증적 불안은 억압된 욕구나 충동들 특히 성적 충동이나 공격적 충동을 자아가 적절하게 조절할 수 없어서 벌을 받게 될 어떤 일을 저지르게 되지 않을까 하는 불안, 본능으로부터 위험을 지각할 때 발생하는 것으로 현실에 기초해서 형성된다. 신경증적 불안은 불안의 원인을 개인이 의식하지 못한다.

셋째, 도덕적 불안은 초자아가 강한 사람이 도덕률에 위배되는 행동이나 생각만으로도 죄의식을 느끼고 불안을 경험한다. 양심의 두려움으로 자아가 초자아로부터 벌의 위협을 받을 때 일어나는 정서적 반응이다.

강한 자아를 가진 사람은 현실적 불안에 효율적으로 대처할 수 있으며, 본능적 충동을 통제해 적절하게 그 충동을 방출할 수 있고, 가치관과 규범을 조화롭게 적용할 수 있으므로 불안은 높은 수준에 도달하기 전에 감소한다. 반면에 약한 자아를 가진 사람은 불안으로부터 자신을 보호하고 부분적으로라도 욕구를 충족시킬 방법으로 일종의 적응기술인 방어기제를 사용한다(이인정·최해경,1995).

3) 방어기제

자아가 불안에 대처할 때 작용하는 심리적 메커니즘이 방어기제이다. 인간은 늘 마음의 평정을 원하지만 내적, 외적 사건들로 인해 이를 깨트리게 된다. 이럴 때 불안을 감소시키기 위한 목적으로 방어기제가 사용하는데 이를 자아방어라고 한다. 이러한 방어기제는 주로 충동이나 주위환경의 요구에 비현실적 방식으로 대처할 때 사용된다. 긴장과 자아의 위협, 욕구 불만에 처했을 때 심리 역동적인 기능인 방어기제는 받아들일 수 없는 본능적 충동을 우리가 의식하지 않도록 도와주고, 충동이 간접적으로 만족되도록 해준다.

이러한 방어기제는 무의식 차원에서 작용하고 개인으로 하여금 현실을 왜곡해 지각하게 만들어 불안감의 위험을 덜 받도록 만든다. 1894년 지크문트 프로이드의 논문 "방어의 신경정신학"에서 처음으로 사용된 "방어기제"는 자아가 위협받는 상황에서, 무의식적으로 자신을 속이거나 상황을 다르게 해석하여, 감정적 상처로부터 자신을 보호하는 심리의식이나 행위를 말한다. 방어기제는 갈등의 원천을 왜곡하거나 대체하거나 차단하는데 이는 무의적으로 채택되며, 대부분 한 번에 한 가지 이상의 방어기제가 동원된다. 방어기제는 불안을 감소시킬 뿐 아니라 긍정적인 사회적 결과를 가져오기도 하므로 정상인들도 살면서 자주 방어기제를 사용한다.

테일러와 브라운은 방어를 병리적으로 보는 대신 방어가 적응을 돕고 정신건강을 향상시킨다고 주장하고 있다(Taylor and Brown, 1988).

방어기제는 자아와 외부조건 사이에서 겪게 되는 갈등에 적응하도록 하여 인간의 심리 발달과 정신건강에 도움을 준다는 면에서 효과적이라

할 수 있다. 현실생활에서 잘 적응하는 사람의 경우는 방어기제를 고정시켜 사용하지 않고 유연하게 선택적으로 사용하는 경향이 나타난다. 반면에 방어기제를 갈등 자체의 변화에 두는 것이 아니라 자신을 속이고 관점만을 바꾸는 방법에 주로 사용하게 되면 오히려 사회생활에 적응하지 못하게 되는 부정적 역할을 하기도 한다. 실제로 정신질환자의 경우 부정, 투사, 퇴행 등의 원시적 방어를 많이 사용하는 것을 목격할 수 있다.

안나 프로이드는 한 가지 방어를 사용하는지 혹은 여러 가지 상이한 방어들을 사용하는지에 대한 균형과 방어의 강도, 사용된 방어의 연령적절성, 자아에 대한 위험을 막기 위해 사용된 방어는 그 위험이 사라지면 사용되지 않아야 한다는 철회 가능성의 네 가지 내용에 근거하여 방어가 정상적인지 혹은 병리적인지 결정된다고 하였다(이인정·최해경, 1995).

4) 방어기제의 수준과 개인별 방어기제

(1) 높은 적응수준

이 수준의 방어기제들은 스트레스 원을 다루는 과정에서 매우 적응적인 결과를 낳는다. 이 수준에서는 한 개인이 만족을 최대화하고 감정, 생각, 방어기제 사용결과에 대해 의식적으로 알 수 있다. 이에 속하는 방어기제들은 서로 갈등하는 동기들 사이에 적절한 균형을 촉진한다.

① **예견(anticipation)**

예견(anticipation)은 미래에 가능한 사건에 대해 감정적 갈등이나 스레스에 대해 미리 감정반응을 경험하거나 결과를 예측함으로서 현실적인 대안이나 해결책을 찾는다.

② 친화(affiliation)

친화(affiliation)는 감정적 갈등이나 스트레스를 타인에게 도움이나 지지를 구함으로서 해결하려는 시도이다. 이 때 다른 사람과 문제를 나누기는 하나, 책임을 지우는 행위는 아니다. 예를 들어 시험불안을 경험할 때 친구와 이 문제에 대해서 의논하고 정보를 얻는 경우이다.

③ 이타주의(altruism)

이타주의(altruism)는 타인의 욕구에 맞춤으로서 감정적 갈등이나 스트레스를 해소하려 한다. 반동형성을 보이나 자기희생과 달리 대리적으로 만족하거나 타인의 반응에 의해 만족한다. 예를 들어 정서적 외로움을 겪은 사람이 정서적 외로움을 겪는 사람을 돕기 위해서 카운슬러가 되어, 내담자들이 자신이 겪었던 문제에서 해방됨을 보고 자신의 외로움의 문제를 대신 해결하는 과정을 들 수 있다.

④ 유머(humor)

유머(humor)는 농담반, 진담반의 심리. 갈등이나 스트레스 요인을 유쾌한 측면이나 역설적인 측면을 강조하여 갈등이나 스트레스를 해소하려는 시도이다. 유머는 격렬한 분노를 경험하는 동시에 자신이 격렬한 분노를 경험 할 수 있다는 것을 인정하고 그것을 편안하게 받아들일 수 있는 동시에 자신의 감정과는 관계없이 상대는 그것에 대해서 별로 심각하지 않을 수 있음을 인정할 수 있을 때, 그리고 그것이 기꺼이 받아들일 수 있을 때 진정한 유머가 나올 수 있다.

⑤ 자기주장(self-assertion)

자기주장(self-assertion)은 개인이 자신의 감정이나 생각을 위압적이거나 조종적이 아닌, 솔직하고 담백한 감정으로 직접적으로 이야기함으로서 자신의 감정이나 생각을 진지한 토론의 과제로 삼도록 하는 태도이다. 진정으로 자기주장이 가능해지기 위해서는 미리 결론이 내리지 않아야 하며. 다만 자신의 현재의 감정을 있는 그대로 인정하면서 자신의 감정이나 욕구가 관련된 사람에게 어떤 영향을 미칠 수 있는가를 토론해보고 그 결과를 자신의 입장과 상대의 입장을 고려하여 최선의 선택을 하겠다는 마음이 가능할 때, 진정한 자기주장을 할 수 있다.

⑥ 자기관찰(self-monitering)

자기관찰(self-monitering)은 자신의 생각, 감정, 동기, 행동을 그 결과가 자신과 타인에게 어떤 영향을 미칠 수 있는가, 라는 관점에서 중립적으로 관찰해봄으로서 자신의 생각, 감정, 동기, 행동을 객관적으로 이해하려는 과정을 의미한다.

⑦ 승화(sublimation)

승화(sublimation)란 본능적인 욕구와 충동이 사회적으로 허용되는 생각이나 행위로 표출되어 나타남으로써 본능적인 욕구와 충동을 해소시키는 자아의 기능이다. 승화는 자아로 하여금 본능적인 욕구와 충동이 직접적으로 표현되는 것을 억제하게 하고, 욕구나 충동의 목적이나 대상을 변화시킨다. 그렇기 때문에 승화는 직접적으로 표현됨으로서 문제가 될 수 있는 본능적 욕구나 충동을 사회 규범과 양심에 어긋나지 않게 건전하고 건설적인 방법으로 해소하도록 한다. 또한 승화는 성욕과 공격성을 직접 표현하지 않고 변형시켜 명백히 성과 무관하며, 공격성이 없는 행동으로 표현한다. 다시 말해 성욕과 공격성 에너지를 좀더 지적이고, 인도주의적이고, 문화적이고, 예술적인 방향으로 전환시켜 표현하는 것이다. 그러나 승화가 이루어진다고 해서 본능적인 욕구나 충동이 완전히 사라지는 것은 아니며, 다만 긴장을 감소시켜 주는 대상이나 수단이 바뀔 뿐이다(최창호, 1996).

승화의 예를 들면, 차이콥스키의 음악은 어떤 면에서는 동성애에 대한 열망을 승화시켜 예술작품으로 표현한 것이라 할 수 있다. 루즈벨트는 39세의 나이에 소아마비에 걸렸으나 자신의 비극적인 현실을 승화시켜 미국의 제32대 대통령에 당선되어 미국의 중흥을 이끌었다. 또한 소설 속의 인물 중에서 장발장은 사회에 대한 강한 증오를 승화시켜 끝없는 사랑을 실천하였다. 또한 소년이 자위적인 충동을 에너지의 변형이라는 측면에서 축구, 야구 등 사회적으로 용납되어지는 방식으로 충족시키는 것이 이에 해당한다고 볼 수 있다.

5) 정신적 억제 수준

이에 속하는 방어기제들은 잠재적으로 위협을 줄 가능성이 있는 생각, 감정, 기억, 소망 또는 공포 등을 의식하지 못하도록 하는 공통 특징이 있다.

① 전치(displacement)

전치(displacement)는 욕구, 감정 충동을 보다 안전한 대상에게 표현되고 충족되는 과정을 말한다. 예를 들어 직장 상사에게 화가 난 경우에 직장 상사에게 직접적으로 표현하기 보다는 부하직원, 아내, 아이들, 혹은 책상에게 표현하는 것이다.

② 해리(dissociation)

해리(dissociation)는 기본적으로 연속성의 과정에서 균열이 생기는 현상을 지칭하며, 괴롭고 갈등을 느끼는 인격의 일부분을 인격의 다른 부분과 분리하는 석이다. 예로 지킬 박사와 하이드에서 각자는 서로 다른 존재를 거의 의식하지 못한다.

③ 반동형성(reaction formation)

반동형성(reaction formation)은 용납할 수 없는 생각이나 감정을 감추고 정반대의 행동이나 감정, 생각들로 대치하여 갈등이나 충동을 처리하는 방식이다. 이는 억압과 동시에 일어나는데 두 가지 단계를 거친다. 하나는 받아들여질 수 없는 충동을 억압하는 것이고, 또 하나는 그 반대적인 충동이 의식적인 차원에서 표현되는 것이다. 이 반동형성은 사회적으로 허용된 것이나 강박적이고 과장되고 엄격한 특징을 가진 행동 중에서 잘 나타난다. 강한 성욕을 의식해 불안한 부인이 외설적인 영화를 상영하는 것을 반대하는 선동가가 되거나 어떤 사람에 대해 공격적 적개심과 죽게 되기를 바라는 무의식적 욕구가 있을 때, 그 반대로 매우 예의 바르게 행동하고 관심을 주는 태도처럼, 무의식에 흐르는 소원 충동 생각 등이 너무나도 받아들이기 어려운 것일 때, 이와는 정 반대의 방향의 것을 강조함으로써, 의식되지 않도록 하는 과정이다.

④ 억압(repression)

불안에 대한 일차적 방어기제로 가장 흔하게 볼 수 있는 억압(repression)은 용납할 수 없는 충동을 무의식으로 추방하는 능동적·무의식적 과정이다. 고통스러운 감정과 충동에 대한 방어는 불안과 죄의식을 피하여 자아를 보호하려는 동일한 동기와 목적을 가진다. 억압은 한 번도 의식된 적이 없을 수도 있고(1차적 억압), 한 번 의식된 것일 수도 있다(2차적 억압). 억압은 무의식 속에 있는 것이 의식되지 못하도록 방해할 수도 있다. 또한 지그문트 프로이드에 의하면 억압은 자아 속에 자리 잡고 있으나, 자아가 억압을 행사할 때는 초자아의 명령에 따라 행동하며, 따라서 성격 구조상 초자아의 영향력이 클수록 더 많은 억압이 일어난다고 하였다(Calvin S. Hall, 1993:116). 억압의 예를 들면, 근친상간의 금기는 인류의 역사를 통해 오랜 기간 금기시 됨에 따라 근친 상간적 욕망에 대한 억압이 사람들의 마음속에 자리 잡아 1차적 억압이 된다. 즉 여러 세대를 거치면서 억압이 유전되었다고 볼 수 있다(Calvin S. Hall, 1993:113). 또한 아동기 이전 생물, 물, 불, 등의 외부세계의 위험을 인식하지 못하였을 때는 억압이 작동하지 않다가 아동기 이후 물질에 대한 위험을 의식한 후에는 불안으로부터 자아를 보호하려는 억압이 발동한다.

신앙인의 경우는 끊임없이 부도덕한 충동을 억압한다. 이는 선한 양심을 추구하고자 하는 초자아의 영향력이 크게 작용하는 것이며, 한편으로는 죄의식과 신의 징벌로부터 자아를 보호하려는 목적에서 억압이 작용한다고 할 수 있다. 이러한 억압은 본능적인 혹은 반사회적인 욕구를 억제함으로 도덕적, 사회적으로 잘 적응된 생활을 가능하도록 작용하고 있는 것이다. 반면에 억압된 욕구나 충동들은 흔히 꿈, 농담 등의 착오 행위로 나타나기도 하며, 억압되는 것이 많을수록 편견이나 선입견이 많아지고, 심할 경우에는 신경증적 행동, 히스테리, 위궤양, 관절염 등의 신체 질환으로 나타나기도 한다(최창호, 1996:177).

6) 부인하는 수준

이에 속하는 방어기제들은 외적 요인에 대해 잘못을 탓하건 않건 불쾌하고 받아들일 수 없는 스트레스원, 충동, 생각, 감정 또는 책임 등을 의식하지 못하게 하는 특징이 있다.

① 부정(denial)

부정(denial)은 타인에게 분명히 보이는 외부 현실이나 주관적인 경험의 고통스러운 면의 인식을 거부함으로서 감정적인 갈등이나 스트레스를 처리한 주요 이미지 왜곡수준의 방어기제를 특징으로 갖는 방어기제다. 예로는 말기 암 환자가 자기의 병을 부정하는 경우이다.

② 투사(projection)

투사(projection)는 자신이 스스로 받아들일 수 없는 충동이나 태도 등을 무의식적으로 타인이나 환경의 탓으로 돌리는 행동 기제로써 자신의 결점을 다른 사람이나 사물에 전가 시켜 비난함으로 자신의 결함이나 약점 때문에 갖게 되는 위험이나 불안으로부터 자아를 보호한다. 관계망상이나 피해망상, 착각, 환각은 투사에 의한 현상이다. 예로는 자신이 누구를 미워할 때, 그가 자신을 몹시 미워하기 때문에 자신도 그를 미워한다고 생각하는 경우이다.

③ 합리화(rationalization)

합리화(rationalization)는 욕구, 감정으로 인한 긴장이나 불안을 해소하기 위해서 외부환경을 왜곡시키는 현상을 말한다. 상황을 그럴 듯하게 꾸미고 사실과 다르게 인식하여 자아가 상처받지 않도록 정당화 하는 방법이다. 예로 친구의 잘못을 상관에게 보고하면서 그것은 나의 의무 때문이라고 이유를 대지만 무의식적으로는 친구를 이기려는 욕망이 있는 것이다. 합리화는 그 행동 속에 숨어 있는 실제 원인 대신에 자아가 의식에서 용납할 수 있는 이유, 즉 사회적 경우에 맞고 지적이며 윤리에 맞는 이유를 대는 기재이다.

7) 주요 이미지 왜곡 수준

자신이나 다른 사람의 이미지를 전반적으로 왜곡시키거나 잘못 지각하는 것을 특징으로 하는 방어기제들이 이에 속한다.

① 자폐적 공상(autistic fantasy)은 인간관계나 문제해결 과정에서 과도한 공상을 사용함으로써 감정적인 갈등이나 내외적 스트레스를 처리한다. 외부현실에서 많은 갈등이 있을 때 공상이나 추상적인 사고를 함으로써 불안을 회피하는 경우이다.

② 투사적 동일시는 나의 분노를 상대에게 투사하여 상대를 화나게 한

후 자신의 결론이 맞다고 주장하는 현상이다

③ 자신이나 타인에 대한 이미지의 분열은 극단적으로 좋은 사람 혹은 나쁜 사람으로 이분화 하여 선악의 속성이 동시에 있다고 생각하지 못하는 경향. 의존 및 독립, 경쟁 및 양보 등 상반된 이미지를 동시에 가질 수 있음을 거부한다.

8) 방어적 와해 수준

이 수준의 방어기제들은 스트레스 원에 대한 개인의 반응을 통제하는 방어적 조절에 실패하여 결국에는 객관적 현실이 심각하게 파괴되는 특징이 있다. 망상적 투사, 정신병적 부정, 정신병적 왜곡을 들 수 있다.

9) 행동수준

이 수준의 방어기제들은 내적 또는 외적인 스트레스원을 행동화 혹은 철회를 통해 다루는 것을 의미한다.

① 행동화(acting out)는 정서적 긴장 혹은 격렬한 감정을 품고 그 의미를 살펴서 정서가 지시하는 방향을 따르기보다는 정서적 긴장을 행동으로 표출함으로써 정서적 갈등이나 긴장을 해소한다. 행동화는 긴장을 일시에 방출하게 하는데 탁월한 효과를 가지게 된다. 예컨대, 오랫동안 성폭력을 했던 계부를 살해한 후에 살해자가 느끼는 평온한 얼굴, 분노를 쉽게 내는 사람들이 분노를 폭발한 후에 양처럼 순해지는 것들을 보면 이것을 쉽게 알 수 있다.

② 도움거절 및 불평

10) 기타 방어기제

① 고착과 퇴행

고착은 발달 과정 중 좌절과 불안이 개인에게 너무 클 때 개인의 성장이 일시적 또는 영구적으로 정지하는 것이다. 퇴행은 불안을 느끼거나 욕구불만 등 어려움이 있을 때, 인생의 초기단계에서 사용하여 만족을 얻었던 방식으로 이를 해소하려는 것을 말한다. 잠재적 외상이나 실패가능성이 있는 상황에 처할 때 해결책으로 초기의 발달단계나 행동양식으로 후퇴하는 것이 퇴행(regression)이다. 어릴 때 효과적이고 위안이 되었던 행동으로 되돌아가 갈등이나 스트레스를 피하는 것이다. 배변훈련이 충분히 된 아동이 동생이 태어난 후 부모의 관심이 동생에게 집중되자 대소변을 가리지 못하게 되는 것이 대표적인 예라 할 수 있다(이인정·최해경, 1995). 또한 어떤 발달단계에 도달하면 사람들은 불안 때문에 전 단계로 후퇴하는 경우가 종종 있다. 건전하고 잘 적응된 사람들도 불안을 줄이기 위해 퇴행을 일으킨다. 담배를 피우고, 술을 마시고, 과식을 하고, 화를 내고, 손톱을 물어뜯고, 법을 어기고, 무모하게 차를 몬다. 그리고 물건을 부수고, 서로 싸우고, 백일몽을 꾸고, 권위에 반항하거나 굴복하고, 도박을 하고, 충동에 따라 행동하는 등 수많은 유치한 행동을 하는 것이다. 이러한 퇴행 가운데 더러는 너무 흔하기 때문에 오히려 성숙의 표시로 여겨지는 것도 있다. 실제로 위에 열거한 행동들은 모두 성인들에게서 볼 수 있는 퇴행의 갖가지 형태들이다(Calvin S. Hall, 1993).

② **보상**

보상은 약점이나 실패를 다른 것으로 보충함으로써 자존심을 회복하려는 행동양식이다.

③ **동일시**

동일시는 아동이 좋아하고 존경하는 사람과 똑같다고 생각함으로써 만족을 얻는 것이다. 부모, 교사, 운동선수 등이 동일시 대상이 될 수 있다. 동일시 대상을 다른 사람이 비판하면 자기가 비판을 받는 것처럼 생각해서 화를 내는 것이 이의 한 예이다.

④ **대리형성**

대리형성은 목적하던 것을 손에 얻는 것이 현실적으로 인정될 수 없거나 위험한 것일 때 유사한 것을 획득하여 대리 만족을 얻는 것을 말한다. 한 예로 아버지를 좋아 하는 딸이 아버지와 유사한 남자를 찾아서 사귀는 것을 들 수 있다.

⑤ **전환**

전환은 심리적 갈등이 신체 감각기관과 근육의 이상 증세로 나타나는 것을 말한다. 그 예로는 너무 가기 싫은 곳에 억지로 가야 하는데 이유 없이 갑자기 아픈 경우를 들 수 있다.

⑥ **상징화**

상징화는 금기 시 되는 생각이나 대상에 대해 중립적이거나 무난한 대상이나 생각을 내세워 표현하는 것이다. 예를 들면 키스하고 싶은 마음이 들 때, 직접적으로 표현하기보다는 껌을 하나 건네주는 행위 등을 예로 들 수 있다.

⑦ 격리

격리란 감정이나 느낌을 의식 밖으로 몰아내는 것으로 감당하기 힘든 감정을 느꼈던 사건에 대해 사건만을 기억하고 그 때의 감정을 기억하지 못하는 것을 일컫는다. 예를 들면 아버지와 관련되어 해결되지 않은 감정이 무의식에 남아있는 한 청년이 자기 아버지의 갑작스러운 죽음에 대해 말할 때는 슬픈 감정을 전혀 보이지 않으면서 아버지를 연상시키는 권위적인 남자가 죽는 영화를 볼 때 비통하게 우는 경우, 사랑하는 사람이 죽었는데 오히려 친구들과 웃고 떠들며 슬픔을 느끼지 않는 것은 격리의 예가 된다. 또한 점차 개인주의화되고 있는 현대의 샐러리맨들은 자신의 집안 일과 회사 일을 각각 격리시켜 행동하려는 경향이 있다.

⑧ 자기로의 전향

자기로의 전향은 본능적 충동 특히 공격성이 남 아닌 자신에게로 향하는 것을 말한다. 즉 자신을 화가 나게 한 대상을 자신의 것으로 받아들여 자신을 처벌함으로써 대상 인물이 처벌되게 함을 말한다. 예를 들면 아빠에게 혼이 난 아이가 자신의 머리를 벽에 박는 경우, 아버지를 무의식적으로 증오하는 사람이 현실에서 아버지가 돌아가셨을 때 심한 우울증에 빠질 수 있는데, 이는 아버지를 향하던 증오가 자신에게로 전향될 수 있기 때문이다.

⑨ **취소**

취소(undoing)는 보상과 속죄의 행위를 통해 용납할 수 없거나 죄책감을 일으키는 충동이나 행동을 중화 또는 무효화하는 것으로 심리적 말살이라고 불리기도 한다. 예를 들면, 여비서에게 성적으로 끌리는 것을 느낀 남자가 부인에게 줄 비싼 선물을 사는 것이나, 종교적으로 기도문을 되풀이하여 죄책감에서 벗어나려고 한다거나, 한 아이가 동생에게 화가 나 때린 다음에 곧바로 끌어안고 미안하다고 하는 것은 취소에 해당된다. 현실은 취소과정에 의해 왜곡되는데, 의식수준에서는 용납할 수 없거나 죄책감을 일으키는 충동이나 행동이 없었다고 여긴다. 이러한 취소는 불안정한 사태를 진전시키거나 더 이상 악화시키지 않고 자신을 불안으로 보호하는 수단이 될 수 있다.

11) **역전**(reversal)

역전(reversal)은 감정, 태도, 특징, 관계, 방향 등을 반대로 변경하는 것을 뜻한다. 역전은 반동형성과 구별하기 매우 어려운데, 엄밀한 의미로 반동형성은 감정의 역전에 해당되기 때문이다. 그러나 역전은 반동형성보다 더 일반적인 기제이며, 더 광범위한 행동을 포함한다. 역전의 예로는 극도로 수동적이며 무력한 어머니에게 무의식적으로 반항하면서 성장해 자신 만만하고 유능하게 된 여성이 자신의 성공에 대해 죄책감과 불안을 경험하는 것을 들 수 있다.

12) **투입**(introjection)

투입(introjection)은 투사와 반대되는 개념으로 외부의 대상을 자기 내면의 자아체계로 받아들이는 것을 뜻한다. 특히 애증과 같은 강한 감정을 직접적으로 표현하는 것을 피하기 위해 다른 사람을 자기로 간주하는 것을 의미한다. 외부 대상에 대한 적대적이거나 부정적인 감정을 자신에게로 지향시킨다는 점에서 투입은 우울증을 야기하는 중요한 기제로 간주된다. 예를 들어, 어머니를 미워하는 것이 자아에 수용될 수 없기 때문에 나 자신이 미운 것으로 대치된다(이인정·최해경, 1995). 또한 남편이 죽은 뒤 슬픔에 빠진 부인이 마음속의 남편 이미지와 실제 남편을 동일시하여 마음속 남편과 이야기하는 것도 투입에 해당된다.

13) 결론

안나 프로이드의 방어기제 이론은 복잡한 현대 사회 환경 속에서 자아를 보호 방어할 수 있는 적절한 이론을 제시했다고 할 수 있다. 이러한 의미에서 안나 프로이드의 방어기제 이론은 인간행동과 인간의 발달에 관한 이해를 한 층 더 넓히는 데 기여한 바가 크다고 하겠다. 방어기제는 유아기의 나약한 자아를 보호하는 과정에서 발달한다. 그러나 지나친 자아방어는 자아의 성숙을 방해하는 작용을 한다. 가장 이상적인 자아의 발달은 안정된 환경에서 방어기제의 사용 없이 성숙한 자아로 성장하는 것이다. 그러나 현실적으로 환경은 매우 불안하다. 현재 고도로 발달된 문명은 현대인을 보다 위험한 상태에 노출시키고 있으며, 인간의 정신 건강을 더욱 더 위협하고 있는 실정이다. 결국 바람직한 자아의 발달은 환경 속에서 적절한 자극을 통해 강한 자아로 성장하고 강한 자아로 하여금 방어기제의 유연하고 효율적인 사용을 통해 외부세계의 위협으로부터 자아를 보호하는 것이라 하겠다.

14) 자주 쓰는 자아방어기제와 실례

이성적이고 직접적인 방법으로 불안을 통제할 수 없을 때, 즉 불안하거나 붕괴의 위기에 처한 자아를 보호하기 위해 인간이 무의식적으로 사용하는 사고 및 행동수단을 방어기제(防禦機制) 라고 하며 비현실적이고 부의식적으로 작용한다.

① **억압** : 위협적이거나 고통스러운 생각이나 감정들을 의식하지 못하도록 하는 방어의 수단, 생애 초기 5년 동안의 고통스러운 사건들은 의식에서 배제됨

② **부인(否認)** : 고통스러운 현실을 인정하지 않는 것을 말한다.
예 : 사랑하는 사람의 죽음이나 배신을 인정하지 않고 사실이 아닌 것으로 여기는 것

③ **부정** : 자신이 느낀 점이나 실수, 또는 도움을 청하거나 책임져야 하는 것들을 부정함. 예: 자신의 약함이나 실수를 부정하기 위하여 힘에 겨운 일도 억지로 참고 행함

④ **투사(投射)** : 자신의 심리적 속성이 타인에게 있는 것처럼 생각하고 행동하는 것 예: 자기가 화가 나있는 것은 의식하지 못하고 상대방이 자기에게 화를 냈다고 생각하는 것, 또는 투입: 다른 사람의 장점이나 또는 신화 같은 것들을 자신의 세계로 끌어들임

⑤ **고착(固着)** : 다음 단계로 발달해 나가는 것이 불안해서 현 단계에 그냥 머물러 버리는 것. 예: 어른다운 행동과 사고를 해야 할 대학생이 되었는데도 초등학교 수준의 행동 및 사고방식에 머물러 있는 경우

⑥ **퇴행(退行)** : 초기의 발달단계로 후퇴하는 행동 예: 동생을 본 아동이 나이에 어울리지 않게 응석을 부리는 것, 노인성 치매증상에서도 나타남

⑦ **합리적(合理的)** : 현실에 더 이상 실망을 느끼지 않으려고 그럴 듯한 구실을 붙이는 것 예: 먹고는 싶으나 먹을 수 없는 포도를 보면서 '신 포도이기 때문에 안 먹겠다.'고 말하는 경우-합리화라고도 함

⑧ **승화(昇華)** : 사회적으로 인정되는 형태와 방법을 통해 충동과 갈등을 발산하는 것 예: 정육점 주인이나 외과의사로서의 직업 선택에는 공격적 충동의 승화(사회화)가 작용할 수 있다.

⑨ **치환(置換)** : 전혀 다른 대상에게 자신의 감정을 발산하는 것
예 : '동대문에서 뺨맞고 서대문에서 화풀이'하는 격이다.

⑩ **반동형성(反動形成)** : 무의식적 소망 및 호오(好惡)와는 반대되는 방향으로 행동하는 것 예: 실제로 자기를 홀대하는 대상인데도 그 대상을 좋아하는 것처럼 행동하는 것, 보기 싫은 시어머니에게 더 잘하기, 전처의 소생을 더 사랑하는 것 등.

그 밖의 방어 기제로는 동일시, 고립, 무감각(중독) 등이 있다.

Chapter 3.
인본주의 상담이론

1. A. Maslow의 인간 욕구 5단계

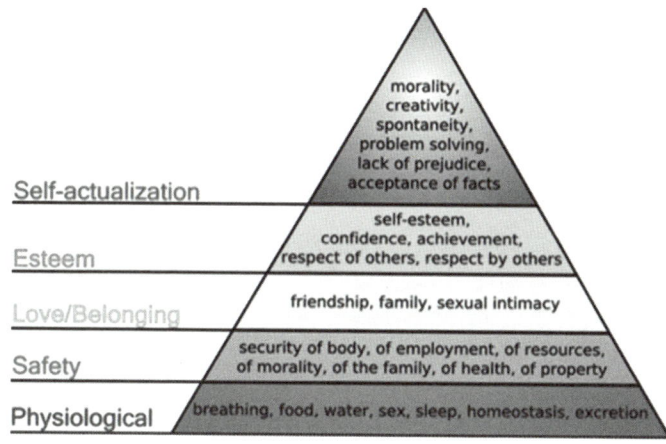

5. 자아실현(Self-Actualization needs)의 욕구

4. 존중, 인정(Esteem need)의 욕구

3. 애정/소속(Love/Belonging needs)의 욕구

2. 안전(Safety needs)의 욕구

1. 생리적(Physiological needs)욕구

매슬로가 등장하기 전 심리학 진영은 과학적 행동주의자와 정신분석학

자들이 심리학을 주도하고 있었다. 이에 완전히 다른 제 3세력의 인본주의 심리학이 매슬로에 의해 주도, 창설되었다. 매슬로는 기본적인 생리적 욕구에서부터 사랑, 존중 그리고 궁극적으로 자기실현에 이르기까지 충족되어야 할 욕구에 위계가 있다는 '욕구 5단계 설'을 주장하였다.

2. 자아실현자의 특징

A. Maslow 매슬로우(1908~1970)는 건강하고 창의적인 사람들을 대상으로 연구를 실시하여 자아실현을 성취한 사람들이 지니고 있는 공통적인 특성을 다음과 같이 제시하였다.

1) 현실의 효율적 지각
- 자기 주변의 세계 및 사람들을 명확하고 객관적으로 지각할 능력을 가진다.
- 자아실현자는 세계를 있는 그대로 보며 선입관에 치우쳐 상황을 파악하지 않는다.

2) 자신, 타인, 자연의 수용
- 자신의 강점뿐만 아니라 약점까지도 왜곡하지 않고 있는 그대로 받아들인다.
- 실패한 일에 대해서도 지나친 부끄러움이나 죄책감을 갖지 않는다.
- 다른 사람이나 일반적인 사회의 약점에 대해서도 있는 그대로 수용한다.

3) 자발성, 단순성, 자연성

- 행동이 자발적이고 지극히 개방적이고 솔직하고 자연스럽고 꾸밈이 없다.
- 생각과 이상에 있어 주관이 뚜렷하다.
- 행동이 인습에 사로잡혀 있지 않다.

4) 자신 외의 문제에 초점

- 자기중심적이기보다는 문제 중심적이다.
- 자신의 인생에 대한 사명감을 가지며, 자신 밖의 일이나 자신의 범위를 벗어나는 일에도 많은 에너지를 쏟는다.
- 열심히 일하면서, 큰 기쁨과 흥분을 경험한다.
- 자신이 하는 일이나 방향이 성장가치에 집중되어 있다.

5) 초연함 및 사적 자유욕구

- 때로는 고독을 느끼며 그러한 고독에 압도되지 않으면서 사적인 자유를 즐긴다.
- 독립적이고 자율적이기 때문에 때론 홀로 자신만의 시간을 가지면서 사색하며, 타인의 지지 및 애정에 매달리거나 요구하지 않는다.

6) 인식의 신선함

- 수위의 세계를 늘 새로움, 놀라움, 경외심을 갖고 받아들이고, 경험하는 능력이 있다.
- 신비, 쾌락 및 황홀감에 쌓인 인생의 훌륭한 것에 대하여 항상 감상할 수 있는 사물에 대한 감상력의 신선함을 유지한다.

7) 절정경험

- 강렬한 무아경, 놀라움, 경외심, 즐거움의 경험을 한다.
- 이러한 경험을 하는 동안 자아실현자는 극도로 확신에 차고 명확하고 강력한 힘을 느끼며, 경험은 강화되어 그 강도가 절정에 달하게 된다.

8) 사회적 관심

- 아들러의 개념인 사회적 관심을 차용하여, 자아실현자는 타인에게 동정과 공감을 보여주는 사회적 관심을 가진다고 본다.
- 타인을 마치 자신의 형제처럼 대한다.

9) 깊은 대인관계

- 우정은 보통사람들에 비해 매우 강하고 심오하다.
- 대인관계는 심오하고 순수하며 정열, 애정이 동일하게 수반되며 자기 경계선이 축소되어 있다.
- 자아실현자 주위에는 종종 찬양자나 제자들이 모여든다.

10) 민주적 성격구조

- 지극히 관대하여 모든 사람들을 받아들이며 인종, 종교, 사회적 편견을 갖지 않는다.
- 민주주의적 태도는 계층, 인종, 교육, 및 정치 등의 전반적인 영역에서 나타난다.

11) 창의성

- 자기 분야에 창의성과 독창성을 갖고 있으며, 모든 활동 속에서 적응

력이 있고 자발적이며 실수를 두려워하지 않는다.

- 창의성, 독창성, 발명력이 뛰어나다.

12) 문화화에 대한 저항

- 자아실현자는 자발적이고 독립적이며 자부심이 매우 강하다.

- 결과적으로 일정한 틀에 맞춰 생각하라고 강요하는 사회, 문화적인 압박에 자유스럽게 저항한다.

- 문화의 엄격한 격식과 요구에 따르기보다 자신의 개성에 따라 행동한다.

3. 성숙한 인간의 4가지 특징

Allport의 성숙한 인간, Rogers의 충분히 기능하는 인간, Maslow의 자아실현의 인간 등의 의견을 종합해 보면 결국 자기이해, 자기수용, 자기개방, 자기주장 등 네 가지 차원에서 자기인식 능력이 향상된다고 본다.(이형득 외, 2003)

1) 자기이해

자기이해는, 자신의 몸과 마음에 관한 모든 것을 사실 그대로 이해하는 것이다. 자기이해는 자신의 긍정적인 측면과 부정적인 측면 모두를 포함한다. 자신에 대한 이해는 다른 사람에 대한 이해를 촉진시킨다. 인간은 자신을 이해할 수 있는 범위에서 다른 사람을 이해할 수 있기 때문이다.

2) 자기수용

자기수용은 이해한 그대로의 자신을 인정하고 받아들이는 것이다. 자기수용은 자기만을 수용하는 것으로 끝나는 것이 아니라, 상대방, 더 나아가 모든 사람이나 자연현상을 수용할 수 있게 한다. 자기 자신을 있는 그대로 받아들이는 사람은 자기 이외의 그 무엇도 있는 그대로 받아들일 수 있기 때문이다.

3) 자기개방

자기개방은 자신에 대해 이해하고 수용한 자신을 그대로 나타내 보이는 것이다. 자기개방은 타인의 개방을 촉진시켜서 상호 이해의 폭을 넓히고, 넓어진 이해와 신뢰를 근거로 더 깊은 자기개방을 하게 하는 연쇄반응으로 이어지게 할 수 있다. 적절한 자기개방은 서로 깊이 있는 인간관계를 촉진시켜서 자기성장을 가져오게 한다.

4) 자기주장

자기주장은, 상대방에게 피해를 주지 않으면서 자신이 나타내고자 하는 바를 그대로 나타내는 학습된 행동이다. 상대방의 권리를 침해하거나 상대방을 불쾌하게 하지 않는 범위에서 자신의 권리, 욕구, 의견, 생각, 느낌 등 자신이 나타내고자 하는 바를 상대방에게 직접 드러내는 학습된 행동을 의미한다. 학습된 행동으로서의 자기주장은 선천적인 것이 아니라 후천적으로 학습될 수 있기 때문이다.

Chapter 4.
심층심리학의 기원과 사상체질이론

1. 심층심리학의 기원[3]

　심리학은 어떤 학문일까. 고대 그리스까지 거슬러 올라가 보면, 플라톤과 아리스토텔레스의 "영혼론"에서 그 원류를 찾을 수 있다. 근대의 학문으로서의 심리학은 "경험론"에 기초한 영국의 로크, 흄 등의 연합심리학에서 출발한다. 이것이 1879년, 세계 최초로 심리학 실험실을 만든 분트에게 계승되어 경험적 감각, 의사, 감정 등으로 구성된 정신을 연구하는 현대 심리학의 초석이 된다.

　이는 다시 여러분파로 계승, 발전하여 행동 심리학, 발달 심리학, 기능주의 심리학, 형태 심리학 등이 생겨난다. 정신분석도 심리학의 하나지만 신경증과 정신병을 치료, 연구하는 정신의학에서 생겨난 학문으로 정신 이상이나 병적 상태를 대상으로 한다는 점에서 학문적인 심리학과는 구별이 된다.

　정신분석의 원조는 프로이드이다. 하지만 그 뿌리를 거슬러 올라가 보

---

[3] 내 생애 처음 만나는 C. G. 융: 우리마음의 심층 구조, 사카모토 미메이 지음, 노지연 옮김, 현실과 미래사, 1990.

면 메스메르라는 것이 의학사의 통설이다. "이성의 세기"라 일컬어진 18세기에 태어난 메스메르는 당시 기독교적 세계관에 사로잡혀 있던 정신병과 치료를 종교에서 해방시켰다.

당시 악마의 소행이라 여겨졌던 정신병의 원인을 혹성의 영향으로 간주, 자기에 의한 치료를 시도해 성공했던 것이다. 현대인이 보면 우스운 이야기지만, 종교와 병을 분리시켰다는 것만으로 당시로서는 획기적인 사건이었다. 그의 이 같은 사고는 제자 퓨이 제규르에게 계승되었고, 자기 요법은 최면술 치료로 바뀌었다. 이것은 19세기 정신병 치료법으로 크게 융성하여 후에 "정신분석"을 탄생시키는 결정적인 계기가 된다. 이렇게 정신분석은 최면술에서 시작되었다고 할 수 있다.

19세기 말, 최면술 치료의 대가로 유명했던 샤르코의 제자, 프로이드가 등장한다. 프로이드는 최면술을 통해 인간의 마음에는 자신도 모르는 부분이 있다는 것을 깨닫는다. 이것이 바로 "무의식"의 발견인 것이다. 그 후 프로이드는 환자가 최면술이 아닌 질문과 대화를 통해 증상이 호전되어가는 것을 발견하고, 점차 독자적인 치료법을 구축해 나간다. 이것이 바로 현대 정신분석학의 탄생이다. 프로이드는 무의식, 자아, 리비도, 콤플렉스, 에로스와 타나토스 등을 가정하여 신경증의 원인을 정신적 외상에서 찾았다. 환자가 이를 인식하면 증상이 사라진다는 "정신분석이론"을 창시한 것이다.

이러한 프로이드 분파와 프로이드에서 일찍이 분열해 나간 아들러의 개인심리학, 그리고 융의 분석심리학을 총칭하여 심층심리학이라고 부른다. 아들러는 프로이드와 달리, 신경증의 원인은 정신적 외상이 아닌 환자 마음속의 권력지향 욕에 있다고 생각했다. 그래서 아들러는 인간을 '자신의 열등을 극복하기 위하여 우월을 향해 나아가는 존재다.' 라고 정의하였다.

한편, 융은 신경증의 원인은 성욕에서 비롯된 것이 아니라, 개인의 마음이 발달해가는 과정에 있다고 생각했다. 또한 신경증의 원인을 프로이드는 부자관계에 중점을 두었지만 융은 어머니와의 관계를 보다 중시했다. 프로이드의 자아연구가 계승, 발전된 것이 프로이드의 딸 안나 프로이드와 헬트먼, 에릭슨에 의한 자아심리학으로 이어져 이는 미국 정신분석의 주류가 되었다. 이와 대립되는 입장의 네오 프로이드파에는 설리번, 호나이, 프롬 등이 있다. 한편, 영국에서는 대상 관계론이 발달하여 멜라니 클라인, 갠트립, 페어벤 등의 학자가 나왔다.

융의 분석심리학은 야코비, 노이먼, 클라크 등에 의한 발달파와 볼프, 싱거, 해너, 야페 등에 의한 고전파, 밀러, 힐먼 등에 의한 원형파로 나뉜다. 이같이 정신분석은 여러 가지 입장에 따라 분파가 나뉘어 있는 아직은 초기 학문으로 하나의 분파가 현대인의 마음을 완전히 분석할 수 있는 것은 아니다. 다만 시대가 요구하는 분파가 유행하는 것일 뿐이다.

융은 "인간의 마음은 어떻게 성장해 나가야 하는가?"라는 주제를 평생 연구한 사람이다. 그래서 생의 뿌리가 흔들리고 있는 현대인들에게 융의 심리학은 해답을 던져줄 수 있을 것만 같다. 그의 동양적 요소와 그노시스적 색채, 정신주의 등의 향취가 현대인들에게 더욱 매력적으로 비춰진다. 융의 심리학을 이해함으로써 우리 현대인은 자신이 무엇을 추구하는지 자신의 근원은 어디에 있는지를 알 게 되는 기회를 얻게 될 것이다.

2. 사상체질 이론

1) 총론

태극은 음양을 낳고 음양은 사상을 낳는다(동무 이제마. 1894). 사상은 태양(太陽), 태음(太陰), 소양(少陽), 소음(少陰)으로 분류되며 이를 체질에 결부시켜 태양인, 태음인, 소양인, 소음인으로 구분하였다. 이것은 의학의 아버지 히포크라테스가 말한 4대 기질론(다혈질, 담집질, 점액질, 우울질)과 같다.

각기 체질에 따라 성격, 심리상태, 내장기의 기능과 이에 따른 병리, 생리, 약리, 양생법과 음식의 성분에 이르기까지 분류하여 이를 사상의학 또는 사상체질의학이라고 하는 것이다. 사람은 생리적으로 네 가지 체형(體形)의 범주에서 벗어날 수 없으며 반드시 내장기(內藏器)의 대소(大小), 허실(虛實)이 상대적으로 결정되어 있다. 태양인은 폐(肺)가 크고 간(肝)이 작으며, 태음인은 간이 크고 폐가 작은 체질이요, 소양인은 비(脾)가 크고 신(腎)이 작으며, 소음인은 신이 크고 비가 작은 체질이다. 이와 같은 체질에 대한 논의는 그 기원이 오래되어 서양에서는 히포크라테스시대부터, 동양에서는 내경시대(內經時代)로 거슬러 오르게 된다. 고대 그리스 철학의 우주구성이 화(火) · 수(水) · 풍(風) · 토(土)의 네 요소로 되었다는 원리에서 인체형성에도 혈액, 점액(粘液), 담즙(膽汁), 흑담즙(黑膽汁)의 사액체(四液體)로 구성되었다고 본 것이 히포크라테스의 체액병리설(體液病理說)이다. 이를 기초로 하여 갈레노스는 기질설(氣質說)을 발표함으로써 심리학 분야에서 응용해 왔다.

기질설에서는 다혈질, 담즙질, 우울질, 점액질로 분류하였는데, 다혈질은 온정적이요 정서적이며 명랑하고 사교적이지만 흥분을 잘하며, 담즙질은 인내심이 적고 정서적이요 흥분을 잘하고 단기(短氣)지만 용감하고 객관적인 사고를 하며, 우울질은 인내심이 강하고 지속적이며 우울하고 보수적이며 주관적이고, 점액질은 냉담하고 고집이 세며 감정이 느리고 조용하며 인내심이 강하고 부드러운 데가 있다. 다시 사기질(四氣質)의 특성에는 다혈질에는 실업가가 많고, 우울질에는 학자가 많고, 담즙질에는 영웅, 호걸, 충신이 많고, 점액질에는 종교가, 도덕가가 많다고 하였다.

현대의학에서는 참출체질(滲出體質), 과민체질, 무력체질, 임파체질, 알레르기체질 등으로 분류하고 있으며, 체질은 유전적으로 성립되고 환경에 따라서 서서히 변한다고 하였다. 그러나 본래의 체질은 형태적으로나 심리적으로 유기 총화를 이루고 있어 본질이 변하지 않는다는 것이 절대 지배적이라 하였다. 사람의 심성(心性)에는 본질적으로 희로애락(喜怒哀樂)이 발로하게 되는데 이것이 발동하기 이전의 상태를 천부적인 성(性)이라 표현하고, 심성의 희로애락이 이미 발동하게 될 때는 정(情)으로 나타난다고 하였다. 그래서 정이 발동되어 장부에 영향을 미치게 되면 대소허실(大小虛實)이 이루어진다고 함이 사상체질론(四象體質論)의 요체이다. 이제마가 사상체질을 창안하게 된 것은 자신이 오랜 신병을 앓았기 때문이라 한다. 그는 해역증(解imagefont症)과 열격반위증(噎膈反胃症)이라는 병증세가 있었는데 『내경』에 해역증은 상체(上體)는 완건(完建)한데 하체(下體)가 무력하여 오래 행보(行步)를 하지 못하는 것이다. 그렇다고 겉으로 보기에는 이상이 있는 것 같지도 않고 또 아프거나 열이 있거나 혈액순환이 안 되는 것도 아닌데 다만 허리에서부터 하지가 무력할 뿐이다. 원인은 간신(肝腎)의 기능이 허손(虛損)되어 생긴 것이니 맥상(脈狀)이 느리고 삽(澁)한 상태로 나타난다. 맥상이 느린 것은 열이 중초(中焦)에 맺혀 있는 관계요, 맥상이 삽한 것은 망혈(亡血)이니, 즉 피를 공급하지 못하는 것이다. 이런 증세는 다른 체질에서는 찾아볼 수 없으며 오직 태양인 체질에만 있는 특유의 병증이라고 하였다. 또, 열격(噎膈), 반위(反胃)는 그 증세가 달라도 원인이 같으니 소장(小腸)에서 기운이 막혀서 생긴다고 하였다. 열격은 음식물을 먹은 즉시로 토해 내는 것이요, 반위는 열격증보다 완만하여 아침에 먹은 것은 저녁에 토하고 저녁에 먹은 것은 아침에 토해 내는 것이라 하였다. 이 병의 원인은 태양인이 기름진 음식을 많이 먹거나 분노와 비애를 자주 일으켜서 간신의 기를 상하게 함으로써 생긴 것이니, 『황제내경』에서는 음기(陰氣)와 양기(陽氣)가 조화를 이루지 못함으로써 생긴다고 하였다. 그러므로 해역이나 열격반위증을 막론하고 태양인의 병을 치료하는 데는 약도 약이지만 먼저 담백한 음식만을 먹어야 하고, 또 비애와 분노 같은 정신감동을 자제해야 한다. 이제마는 이 두 가지 병을 앓은 경험이 있어서 많은 의서를 탐독하게 되었고, 고전에 의거한 여러 가지 약을 써 왔으나 병이 낫지 않으므로 여기서 사람은 각기 체질이 다르다는 것을 깨달았다고 한다.

사람의 장부는 본질적으로 그의 기능이 허하고 실한 이치가 있어 체질이 결정되며 이에 따라 생리기능과 병리, 약리에 이르기까지 원리가 달라진다는 데서 제3의 의학인 사상의학이 생긴 것이다. 다시 말하면 인간은 천부적으로 타고난 장부의 대소가 있어 체질이 결정되며 심장을 중심으로 폐·비·간·신의 네 장부가 상대적 대소를 이룸으로써 태소음양인이 결정된다. 이것이 우리 고유의 사상의학인 것이다.

2) 사상체질별 특징

소양인 다혈질

1. 신체적 특징

얼굴이 하얗거나 붉은 빛을 띠는 누런색으로 턱이 뾰족하며 입술이 얇다. 체격은 상체의 발육이 좋아서 가슴이 넓고 튼튼하지만 하체가 빈약하여 엉덩이가 좁고 걷는 모습이 안정감이 없다. 머리는 앞, 뒤 튀어나오고 목은 가늘고 긴 편에 속하며 눈빛이 예리하고 맑으며 빛이 난다. 입술이 얇고 큰 사람은 보통 활동적이며 독립심이 강한 편이다.

2. 성격

성격은 활발하고 강직하여 사람들의 잘못이나 장.단점을 잘 판단한다. 행동은 돌진적이고 급해서 잠시도 한 곳에 정착하지 못하며 버럭 성을 내기도 한다. 매사에 자세하고 총명하여 일에 능하며 자만심이 강하고 비탄에 빠지거나 성을 잘내는 편으로 고집이 세다. 그 밖에 이기심이 강하여 가정을 소홀히 하는 경우가 많다.

3. 내장기능

비대신소하여 비위의 체적과 기능이 실하고 신장의 기능이 허하다.

4. 자주 걸리는 병

소양인은 비위가 한하게 되면 발열, 오한이 나고 땀이 나지 않는다. 또 두통, 설사를 일으키며 헛소리를 하게 되는데 소양인의 병은 화와 열로 생기기 때문에 병세가 급격히 변화하므로 주의해서 설펴야 한다. 또 위가 열하게 되면 갑자기 구토를 일으키거나 코피, 토혈을 하며 대변이 잘 나오지 않게 된다. 체질상 소화력은 왕성하나 신장이 약한 편이므로 신장, 방광에 신경써야 한다. 그 밖에 당뇨병, 반신마비, 만성기능장애(정력부족) 등에도 걸리기 쉽다.

5. 적합한 식품

돼지고기, 오리고기, 가물치, 자라, 해상, 복어, 전북, 녹두, 팥, 조, 보리, 참외, 사과, 토마토, 딸기, 미나리, 가지, 배추, 오이, 호박, 우엉, 감자 등으로 음을 보하는 것이 좋다.

6. 금기식품

쇠고기, 닭고기, 땅콩, 우유, 꿀, 엿 등은 피하는 것이 좋다.

7. 식사습관

한 가지 일에 집중하지 못하는 조급한 성격 때문에 식사 중에도 계속 얘기를 하거나 다른 행동을 하지 않고는 견디지 못한다. 따라서 식사속도도 빠르게 되고 급히 먹게 됨에 따라 음식의 맛도 제대로 음미하지 못하게 된다. 음식이 있으면 먹고 없으면 안 먹는다는 식이다. 자연히 식성도 까다롭지 않아서 소양인 중에서 미식가나 식도락가는 거의 없다. 그러나 음식의 맛을 크게 신경 쓰지 않는 대신에 대화나 음식의 모양에 신경을 써서 눈요기를 즐기는 경향이 있다. 체질적으로 열이 많아서 더운 음식보다는 차가운 음식을 좋아해 한겨울에도 냉면 등 차가운 음식을 찾는 사람도 있다.

8. 적합한 직업

사람들과 비교적 잘 어울리고 외교면에 능통하여 소양인 중에서 상인, 사무가, 언론인, 외교관, 법률가, 행정가, 은행가, 군인 등이 많다.

9. 옷차림새

유행에 민감할 뿐만 아니라 미적인 감각도 뛰어나도 옷을 입는 스타일에 대담하고 개성적이다. 유행에 민감한 만큼 옷을 구입하는 횟수도 많고 일단 예쁘다고 생각하면 즉석에서 구입해 버리는 충동구매가 많다. 한 가지 옷만으로 만족하지 못하고 옷을 자주 갈아 입는다.

10. 생활요법

소양인의 제실은 양이 많고 음이 적으므로 양의 기운을 없애고 보완하는 청량보음을 위주로 생활해야 한다. 마음은 항상 밝고 명랑한 마음으로 성을 내지 말고 두려움, 공포 등을 떨쳐 버리도록 노력해야 한다.

태양인
담즙질

1. 신체적 특징

태양인의 용모는 단정하고 깔끔하여 목이 굵고 뒷덜미가 특히 발달되어 있다. 머리는 크고 얼굴은 둥근형으로 눈은 비교적 작은 편에 속하나 눈에 광채가 있다. 신체적 특징은 상체는 비교적 튼튼하고 건실하지만 허리부분이 약하여 다리가 힘이 없어 오랫동안 걷지 못한다.

2. 성격

성격은 남들과 잘 통하나 독창적인 의욕이 지나치게 상대방의 단점을 들어 인신공격을 하는 경향이 있어 교제의 범위가 좁다. 또 영웅성, 자존심이 강하고 과장하는 것이 많으며 진취성이 있다. 그러나 반면에 감정적이고 계획성이 없어서 대담하지 못하고 사업이나 어떠한 일에 실패하고도 후회하지 않는 면을 보이기도 한다. 또한 두뇌가 명석하여 사람을 사귈 때 옳고 그름을 분명하게 판단하는 반면에 고민이 많고 슬픔이 극도에 달하면 분노로 치우치기가 쉽다. 태양인 중에는 뛰어난 영웅이 있는가 하면 백치도 있다고 하는데 대부분 영웅호걸이 많다고 한다.

3. 내장기능

폐대간소하여 폐는 크며 기가 강하고 간이 작아 기가 허하다. 소변을 자주 보고 대변은 활발하여 양이 많다.

4. 자주 걸리는 병

태양인은 상체에 비해 하체가 약하여 한기를 받으면 종아리가 저리고 다리에 통증을 일으켜 생긴 병으로 발열, 오한이 있으면 빨리 치료해야 한다. 또한 우리의 몸은 목구멍에 가까운 곳이 건조하면 음식물이 넘어가기가 어려워지는데 태양인이 신경을 너무 많이 쓰면 위장의 양이 기가 너무 왕성해지므로 음식물이 식도에 막혀 내려가지 못하고 음식물을 먹는 즉시 토하는 반위가 나타난다. 그 밖에 소장의 이상으로 복통, 설사, 이질 등의 증세가 나타나기도 한다.

5. 적합한 식품

다래, 조개, 붕어, 오징어, 포도, 모과, 사과, 메밀, 멥쌀 등으로 채소류는 될 수 있는 데로 많이 섭취하는 것이 좋으며 지방질이 많은 음식을 피하는 것이 좋다.

6. 금기식품

쇠고기, 돼지고기 등 지방질이 많은 음식과 무, 마늘, 설탕, 조기, 고추 등과 같은 자극성이 강한 음식은 될 수 있으면 삼가는 것이 좋다.

7. 식사습관

식성이 아주 까다롭거나 아주 무심한 편인 두 가지 타입이 있다. 담백하고 냉한 음식을 좋아하는 편으로 자극성이 있거나 뜨거운 기름기 음식은 피한다.

8. 적합한 직업

사리판단이 명확하고 두뇌가 발달되어 있어서 태양인 중에는 천재형의 발명가, 과학자가 많으며 혁명가, 전략가 등이 많이 있다.

9. 옷차림새

태양인은 다른 유형의 사람과는 달리 옷차림에 대한 관심이 적은 것이 특징이다. 옷의 색깔도 검은색이나 흰색 등 단순한 색의 옷을 즐겨 입고 때로는 어떠한 목적을 위해 마음과는 별개의 옷을 입기도 한다. 그러나 태양인은 하체의 발달이 미약한 편이므로 너무 꼭 맞는 청바지 차림을 피하고 하의를 두껍게 입는 편이 좋다.

10. 생활요법

분노하는 감정이나 슬퍼하는 감정을 되도록 억제하고 항상 마음을 맑게 하고 명랑한 생활태도를 가져야 한다. 사소한 일에는 신경을 쓰지 말고 자극성이 강한 음식은 피한다. 또한, 대변은 묽고 덩어리가 크며 분량은 많게 보고 소변은 자주 보도록 한다.

마음은 항상 밝고 명랑한 마음으로 성을 내지 말고 두려움, 공포 등을 떨쳐 버리도록 노력해야 한다.

태음인 점액질

1. 신체적 특징

용모는 의젓하고 신중하다. 하체는 발달되어 있고 상체는 조금 허약한 편이나 근골의 발육이 좋아서 걸음걸이는 느리고 안정성이 있다. 얼굴은 원형 또는 타원형으로 피부색은 검고 견실한 듯하나 약하다. 몸은 대개 비만하고 충실하다. 태음인 중에서도 마른 사람이 있으나 골격만은 발달되어 있으며 목덜미가 가늘고 키가 커서 서 있는 자세가 꼿꼿하다.

2. 성격

활동적이고 과묵한 반면에 은거하기를 좋아하고 가정을 중시하며 안일한 것을 좋아해서 게으른 사람이 많다. 인내심이 강하고 기쁨과 슬픔의 감정을 밖으로 표현하지 않아서 다른 사람과 문제를 일으키는 수도 있다. 태음인은 탐욕심, 사치심이 많으며 사업성취 능력이 좋으나 교만하고 음흉하며 일을 제 때에 처리하지 않고 서두르는 경향이 많다.

3. 내장기능

폐소 간대하며 간이 실하고 폐가 허하다.

4. 자주 걸리는 병

태음인이 위에 한을 받으면 머리가 아프고 허리, 골절이 쑤시며 오한이 나게 된다. 또 간에 열을 받으면 얼굴에 비단무늬 같은 붉은 반점이 나타나는 발진티푸스에 걸리게 된다. 그 밖에 고혈압, 저혈압, 대장염, 맹장염, 천식, 심장병, 노이로제에 걸리기 쉬우며 두드러기 등 피부병을 자주 유발한다.

5. 적합한 식품

쇠고기, 무, 버섯, 콩, 고구마, 연근, 토란, 도라지, 마, 율무, 찹쌀, 김, 미역, 호두, 호박, 자두, 땅콩, 복숭아, 들깨, 더덕, 고사리 등이 좋다.

6. 금기식품

돼지고기, 닭고기, 달걀, 염소고기, 개고기, 사과, 배추 등은 피하는 것이 좋다.

7. 식사습관

체질적으로 후각이 발달되어 있어 냄새에 민감하다. 비교적 음식을 천천히 먹으며 식성이 좋아서 모양보다는 음식의 양이 치중한다. 식사 중에도 다른 대화보다는 묵묵히 밥먹는 일에만 치중한다. 식사 중에 유난히 땀을 많이 흘리는 사람이 있다면 틀림없이 태음인이다. 먹는 음식에 구애받지 않는 특성 때문에 폭음 폭식하는 경우가 많으므로 태음인은 특히, 음식에 대한 절제가 필요하다.

8. 적합한 직업

호걸형으로 낭만적, 낙천적인 기질이 많은 태음인은 사업성취 능력도 뛰어나서 정치가, 전략가, 성악가, 배우, 수학자, 웅변가, 사업가 등이 많다. 그러나 그 중에는 성격이 거칠거나 겁쟁이인 사람도 많다.

9. 옷차림새

내심으로는 화려하고 붉은 색의 옷을 좋아하면서도 고상한 색조의 옷을 즐겨 입는다. 유행에도 민감하지 못하여 옷을 잘 구입하지 않고 비싼 옷을 입어도 어딘가 세련되지 못한 느낌을 준다. 옷을 입을 때에는 땀의 분비를 억제하는 너무 얇은 옷이나 헐렁한 옷을 피하고 약간 두꺼운 검은색 계통의 옷이 무난하다. 태음인은 권위주의로 체면을 중시하고 보수적인 기질이 강하기 때문에 남 앞에서는 화려하고 눈에 잘 띄는 옷을 입고 나서길 꺼려한다.

10. 생활요법

태음인은 조그마한 일에도 겁을 내는 사람이 많은데 이것이 더욱 발전하면 정충증(가슴 두근거림)이 되기 쉽다. 평소에 어떠한 일을 닥치더라도 마음을 차분하게 가라앉히고 항상 즐겁고 명랑한 밝은 마음을 갖도록 노력해야 한다.

1. 신체적 특징

외모로 보면 얌전하고 온순한 타입으로 얼굴은 달걀 같은 타원형이며 미인 형이 많다. 피부는 원색으로 유연하고 부드러워서 겨울에도 손발이 트지 않고 여자는 다산하여도 복부가 트지 않는다고 한다. 체격은 보통 작은 편으로 키가 작고 가슴이 좁으며 엉덩이가 크다. 아랫배는 나오고 앉는 자세가 의젓하지만 서면 뒤뚱뒤뚱하고 걸을 때에는 앞으로 구부정하게 굽어진다.

2. 성격

사람과 대할 때에는 겸손하고 얼굴에 즐거운 표정을 나타내어 사람들로부터 호감이 가는 성격이다. 교제에 능하고 모든 사무에 탁월한 실력을 발휘한다. 자기 신변의 얘기를 드러내기를 좋아하는 반면에 사색적이며 깔끔하여 항상 집안에 있기를 좋아하고 침묵하기도 하는 소극적인 면을 지니고 있다. 친한 사람들과는 놀기를 좋아하나 의심이 많고 질투심이 많으며 독점력이 강하다. 또 사치하기를 좋아하고 앙탈심이 많아서 남을 중상, 모략하는 사람도 있다. 비교적 감정의 변화가 빨라서 한숨을 자주 쉬는 버릇이 있다.

3. 내장기능

신대비소하여 신장의 기능이 실하고 비장의 기능이 허하다.

4. 자주 걸리는 병

소음인이 신에 열을 받으면 열이 오르고 두통이 나며 몸이 쑤신다. 또 오한이 나고 땀이 줄줄 흐르게 된다. 위가 한사를 받을 때에는 배꼽 아래가 얼음같이 차고 냉기가 심하며 두통, 구토 증세를 일으키며 변비가 생긴다. 그 밖에도 급.만성 위장병, 위하수증, 위산과다증, 상습적 복통 등을 일으키므로 주의해야 한다.

5. 적합한 식품

개고기, 양고기, 염소고기, 닭고기, 꿩고기, 토끼고기, 뱀장어, 쏘가리, 숭어, 멸치, 멥쌀, 들깨, 양배추, 부추, 파, 냉이, 쑥갓, 당근, 아욱, 시금치, 감자, 꿀 등으로 온을 보하는 음식물 위주로 섭취하는 것이 좋다.

6. 금기식품

배추, 메밀, 보리, 녹두, 팥, 고구마, 밤, 호두, 수박, 배, 오이, 참외 등은 피하는 것이 좋다.

7. 식사습관

성격적으로 꼼꼼한 편이라서 음식을 먹을 때에는 꼭꼭 씹어 먹는 경향이 있다. 게다가 미각도 발달되어 있어 음식을 천천히 음미하면서 먹으며 분위기를 중시한다. 음식에 대한 집착력과 욕심이 강하여 맛과 모양에 신경을 쓰며 반찬의 가짓수가 많은 것을 좋아한다. 또, 음식을 담을 때에는 푸짐한 것보다는 정갈스럽게 오밀조밀하고 예쁘게 차려 놓는다. 체질적으로 위장의 기능이 약하여 꼭꼭 씹어 먹는 것이 좋으며 찬 음식보다는 더운 음식을 먹는 것이 몸에 이롭다.

8. 적합한 직업

소음인은 재능이 명석하여 천재인 사람이 많으며 외교가, 예술가, 교육자, 의사 등이 많다. 또 의학방면에서도 내과 산부인과 등에 유명한 의사가 많고 소양인에는 외과의사가 많다. 그 밖에 꽁생원, 노랭이라는 소리를 듣는 사람도 많으며 종교가가 대부분이 소음인에 속한다.

9. 옷차림새

몸매가 좋은 미인형의 체격을 구비하고 있어서 어떠한 옷도 잘 소화해 낸다. 유행에도 민감하여 잡지나 다른 사람들의 옷을 보고 자신에게 어울리는지 세밀하게 관찰하기도 한다. 그러나 충동구매는 적고 꼭 필요한

지 세심하게 생각한 후에 구입하는 경우가 많다. 옷의 색조는 본래 화려한 것을 좋아하나 남의 시선을 받는 장소에서는 고상하고 세련된 분위기를 연출해낸다. 체질상으로 두꺼운 옷은 좋지 않으며, 냉증이 걸리기 쉬운 체질이므로 하의를 두껍게 입는 것이 요령이다.

10. 생활요법

소음인의 체질은 기가 빠지기 쉬운 체질이므로 온을 보하는 것을 위주로 생활해야 한다. 항상 명랑하고 기쁜 마음으로 매사에 임하며 다급한 일에도 당황하지 않는 여우가 있어야 한다.

참고문헌

『동의수세보원(東醫壽世保元)』

『사상의학원론』 홍순용. 이을호 역술. 행림출판사, 1973.

『태양인 이제마 사상의학』 이명복. 선영사. 2007.

참고 문헌

이현수. 생활인의 성격 심리학. 대왕사. 2003.
임영제 외. 21세기 디지털시대 인간관계의 이해. 법문사. 2003.
오형규 외. 도형전도 어떻게 할 것인가. 신성출판사. 2009.
정범환. "도형상담 이론과 분석" 도형상담연구소
장해성. "도형분석상담" 도형분석상담연구소
윤석규. "도형심리상담 2급 교재" 한국도형심리상담학회
백승철. 도형상담 입문서 3판. 심상코. 2016.
오미라. 미라클 도형심리 픽토그램 코칭 높은오름. 2016.
수잔 델린저. 도형심리학. W미디어. 2013.
노안영, 강영신. 성격심리학. 학지사. 2018
팀 라헤이. 성령과 기질. 제 3판. 생명의말씀사. 2006.
잉그리트 리델. 융의 분석심리학에 기초한 미술치료 정여주 옮김. 학지사. 2000
Gisela Schmeer. 정신분석적 미술치료. 정여주, 김정애(옮긴이). 학지사. 2011
정여주. 미술치료의 이해 이론과 실제-2판. 학지사. 2014
이무석. 정신분석에로의 초대. 이유. 2006.
로버트 번스. 동적 집 나무 사람 그림검사. 하나의학사. 1998
노안영. 상담심리학의 이론과 실제-2판. 학지사. 2018
김청송. 사례중심의 이상심리학(DSM-5)-제2판. 싸이북스. 2016.
칼 로저스. 사람-중심 상담. 오제은(옮긴이). 학지사. 2007.
한경아. 마음을 훔치는 뇌 호르몬의 비밀 끌림의 법칙. 일상이상. 2011.
오기자 eBook. 빅데이터 전문가 오기자의 사상체질 커뮤니케이션. 미래지식. 2015.
이형득 eBook. 본성실현상담. 학지사. 2016.
이장호. 상담심리학. 박영스토리. 2014.
문선모. 학생상담 이론과 실제. 양서원. 2000.
김남성. 교육상담. 교육과학사. 2000.
글 공작소. 성격과 기질로 알아보는 롤 모델 인물백과. 아름다운사람들. 2010.
박해조. 제목 없는 책. 빛다림터. 1998.
임종렬. 모신-개정6판. 아이의 운명을 관리하는 어머니의 대명사.
한국가족복지연구소. 2010.
하빌 헨드릭스. 연애할 땐 Yes 결혼하면 No가 되는 이유. 서민아(옮긴이).
프리미엄북스. 2004
M. 스캇 펙. 마음을 어떻게 비울 것인가. 박윤정(옮긴이). 율리시즈. 2012.
한진주. 아동기이전 대상경험이 반사회적 성격장애에 미치는 요인연구. 박사논문. 2010

저자 약력

저자 **한진주** (상담심리학 박사 Ph.D)

지구촌가족상담연구소장
프로 ID코칭연구소장
한국도형심리상담연구개발원장
한국형에니어그램상담전문가
TA-교류분석상담전문가
NLP국제 마스터 프렉티셔너
KCA한국코치협회 KPC인증코치
ICF 국제코치협회 PCC인증코치
그림책심리코칭지도사(전문가)
한국청소년상담학회 정회원
한국가족상담학회 정회원
한국예술심리치료학회 정회원
경상대학교 평생교육원 상담심리학 교수

미국 McCormick Seminary in Chicago, USA. M.Div.
미국 Cohen University in California, USA. Th.M.
용인 온석대학원 대학교 상담심리학박사 Ph.D.
인도 푸나 오쇼 멀티플 시티 명상 및 무용치료사 과정 수료

전)국제 기독대학교 상담학 교수
전)수원 법무연수원 교정부 외래교수
전국 경찰청 소속 경찰 공무원 스트레스 관리 및 팀 교육
KBS 제2 TV. 아침방송 여성공감 다수 출연
광주 극동방송 금요일 사랑의 뜰 안 "한 박사와 함께하는 부부심리 톡" 생방송 진행

박사논문:『아동기 이전 대상 경험이 반사회적 성격장애에 미치는 요인 연구』
소논문: 영화 속에 흐르는 관계전략 "지금 여기"

도형심리개인상담, 개인지도, 도형심리상담사 1급 자격과정 문의
H.P _ 010-2204-3275   E-mail_rosemary0579@hanmail.net

●● 저자후기 Epilogue

'열길 물속은 알아도 한 길 사람 속은 모른다.' 라는 속담이 있듯이 사람의 속마음을 알기란 참으로 어려운 일이다. 특히 요즘 같이 문명과 기술이 발달하여 단절된 인간관계속에 살아가는 사람들의 심리를 아는 것은 더욱 더 힘들 것이다. 평소에 가족에 대해서만은 잘 알고 있다고 생각한 사람들도 도형심리검사를 통해 기질과 성격을 분석해 보면 미처 알지 못했던 가족들의 속마음을 알게 되어 놀라기도 하고, 새로운 관점의 대화가 시작되기도 한다. 가족이란 수 십 년 동안을 함께 살아온 관계인데도 서로의 기질이나 성격을 잘 모르고 지나쳐 왔다는 것이 정말 많은 것을 시사해준다. 하물며 이웃이나 친구, 직장동료들에 대해서 우리는 얼마나 알고 있을까? 겉으로 보이는 것만 보면서 표면적으로만 소통하는 그 얇은 소통 속에서 얼마나 많은 시간 우리는 서로를 외롭게 하고 또 상처를 주고받았을까?

이제 이 도형심리검사를 통해서 가족들과 이웃, 친구, 동료들의 마음을 조금이라도 들여다 볼 수 있게 되었으니 참으로 다행스런 일이다. 서로가 서로의 마음을 알아준다는 것이 얼마나 가슴 떨리는 일인가? 모르고 상처 준 말 대신 따뜻한 맞춤 대화 한마디의 위력을 느껴보기 바란다. 이 도형심리검사는 피검사자가 합리적사고로 자신의 내면을 미화하거나 인위적인 조작을 할 수 없기 때문에 그 신뢰성이 크다. 다만 피검사자가 그린 도형을 전문적 지식과 임상적 경험을 토대로 해석을 해낼 수 있어야한다.

이 책을 읽는 독자들이나 저자의 강의를 듣는 수강생들에게 본서는 매우 큰 길잡이 역할을 해 줄 것이다. 본서에 공개되어 있는 도형해석 공식을 체계적으로 공부하여 도형심리상담의 전문가들이 되기를 바란다. 또한 이 도형심리검사도구를 통하여 자신의 장점과 단점, 잠재되어 있는 힘 등을 발견하여 장점은 살리고, 단점을 보완하여 나간다면 어느 날 건강하고, 통합된 자신의 모습을 보게 될 것이다. 그때가 되면 여러분들도 이 도형심리학과 도형심리검사 도구를 통하여 도움이 필요한 이들의 마음을 읽어주고, 위로해 주는 성숙한 상담사 역할을 해 주기 바란다.

2025년 5월 21일 예우당 서재에서 한진주